今すぐ会社をやめても困らない

お金の管理術

井形慶子

集英社

目次

CONTENTS

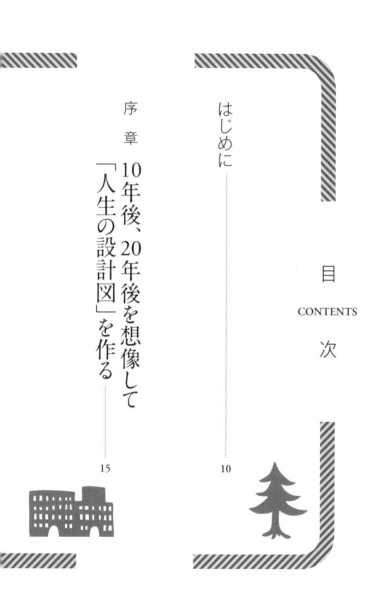

第二章 必要なお金は30か12で割って考えるとうまくいく 〜入門編〜 …… 43

第三章　会社の論理でお金を貯める、大切な5つのポイント
～実践編～

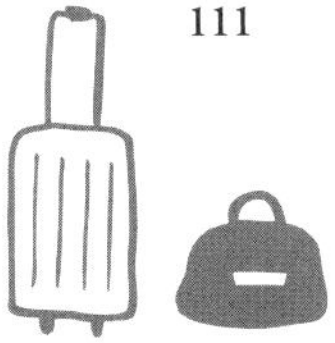

はじめに

将来、年金がもらえない！　マイナンバーで貯蓄も監視され、年収1000万円でも老後崩壊――このところお金にまつわるネガティブな報道が続いています。確かに中小零細企業が大半を占める日本では、賃金もなかなか増えず、誰もが老後への不安を感じているはずです。

誤解をおそれずに書けば、私は20代でシングルマザーとなり、生活保護ぎりぎりの貧しい生活を送っていた当時から今まで、お金に対して心底不安を感じたことはありません。お金がある、なしにかかわらず、できる範囲でやりたい仕事に取り組み、自分の道を選択してきました。それは少ないなら、少ないなりに、いつもそこから利益を生み出す習慣を身につけてきたからだと思います。

節約ではなく利益を生み出す。そのための管理。これが本書の柱です。

お金に縛られず、したいことをして、住みたい町に住み、自分のライフスタイルを構築したいとは誰もが願うことです。

それなのに経済的理由から、今の「会社」や「結婚」など身近な小組織に留まらざるを得ない人が多いのではないでしょうか。それを打破することは、難しいことではない。それをお伝えしたいのです。

私が出版社にアルバイトとして採用された19歳当時の初任給は7万円でした。大学在学中に面接に出向いた折、「月給はいくらを希望しますか?」と社長さんに問われ、6万から8万の間と答えると、本当に間をとった7万円が支給されました。

後で先輩にもっと高く言うべきだったと呆れられましたが、何としても出版社に入りたかったのでお金は二の次と考えたのです。今から36年前の話ですが、世の初任給の半分くらいでした。

26歳で入った会社でも、申し訳なさそうに「15万円しか払えない」と社長さんに言われたものの、赤ちゃんを抱え、シングルマザーだった私は二つ返事で快諾しました。

7万円であれ、15万円であれ、固定給が入ることは素晴らしいことだからです。

預金は当時30万円程度。月々2万円ほどの扶養手当を預金に回し、二重保育をしながらガムシャラに働き続けました。シッターさんは銀行の掲示板で見つけた近所のご夫婦。子どものいないおふたりは、安い費用でわが子のように娘を可愛がってくれました。

28歳の時、50万円になった預金の一部を崩して出版社を立ち上げたのです。

英国生活情報誌を出し、本を書き、経営も……の日々はストレスや困難もありましたが、心優しい人々と共に働く喜びや手応えのほうがはるかに勝っていました。

そうして、50歳になった年に、世界一高いと言われるエリアがある、ロンドンの高級住宅街ハムステッドに家を購入するに至ったのです。今ではワンルームが1億円近くする希少なエリアです。

こうして55歳で、創業した会社の代表を退くまでの28年間を振り返り、経営者としてお金の管理を学んだことが、そのまま私生活にも役立つと確信しました。

それは、自分の人生を会社運営としてとらえる考え方です。

夢や目標は経営計画になぞらえ、家計は経理、などと家庭を会社に見立てて、「残す」ではなく「儲ける」感覚です。会社をやめてからは自由にやりたいのに、会社の論理だなんて、と戸惑う人もいるかもしれません。けれど、この発想ができてこそ、退職後の家計運営がスムーズにいきます。

家計を会社、家族を従業員に見立てて、必要経費を会社会計にあてはめて利益を追求する……矛盾するようですが、会社をやめてからこそ生きる考え方と言えます。

家計に会社の論理を導入すれば、可能性や課題がくっきり見えます。

会社も家計も運営のコツは一緒です。お金はただたくさん持てばいいわけではなく、管理、運用しながら、大切な住まいや住宅のように、大切に長く使うことが一番です。

本書では、経営者視点のお金管理のノウハウをお伝えしていきます。自由で有意義な人生を生きるために、お役立ていただければ幸いです。

序章

10年後、20年後を想像して「人生の設計図」を作る

人生のゴールは、誰にも2回ある

私の40代は、昼食10分は当たり前、映画を観るのも飛行中の空の上だけといった綱渡りのような日々でした。充実感、達成感120%。このまま70代までいけると確信していました。おばあちゃんになっても今のまま社長業を続けつつ、雑誌を編集して、本も書いて……そう信じて疑わなかったのです。

そんな自分が徐々に方向転換を始めたのは、仕事の内容が人事の面接、財務チェック、会議など出版に直接関わらない所用に集中していると感じたからです。

もう少し仕事の中身を絞って、これからは自分のしたいことにより時間をかけられる環境を作ろう。そして、誰が代表になっても失敗しようがないくらい、会社をダウンサイジングして、50代半ばで引き継ごう。そう決めて、税理士や役員と時間をかけて会社をコンパクトにするための運営スキームを作り始めたのです。

40代半ばに差しかかっていました。

それまで忙しさを理由に放置していた、お金まわりを整理すると共に、老後も含めた第二の人生の設計図を作ったのもこの頃です。

第一の人生のゴールはセミリタイア（転職・起業・Uターン）。第二の人生の最終ゴールは死ぬ日。

縁起でもないと思われますか？　けれど、最後の日は誰も予測できません。とりあえず85歳までを活動期として、55歳からの黄金期30年の人生を組み立てました。

ゴールや目標は人それぞれ。現在会社員の人は、転職や起業が第一ゴールかもしれません。定年退職後に起業したい人もいるでしょう。

会社をやめても金銭面で困らないために、自分の夢や目標実現のために、まずは設計図を作ることから始めてみてください。

ここで、私自身が考えた設計図をご紹介しましょう。

国の家計調査では「高齢夫婦無職世帯」の生活費は月額約27万円で年間３２４万円。

第二の人生設計図

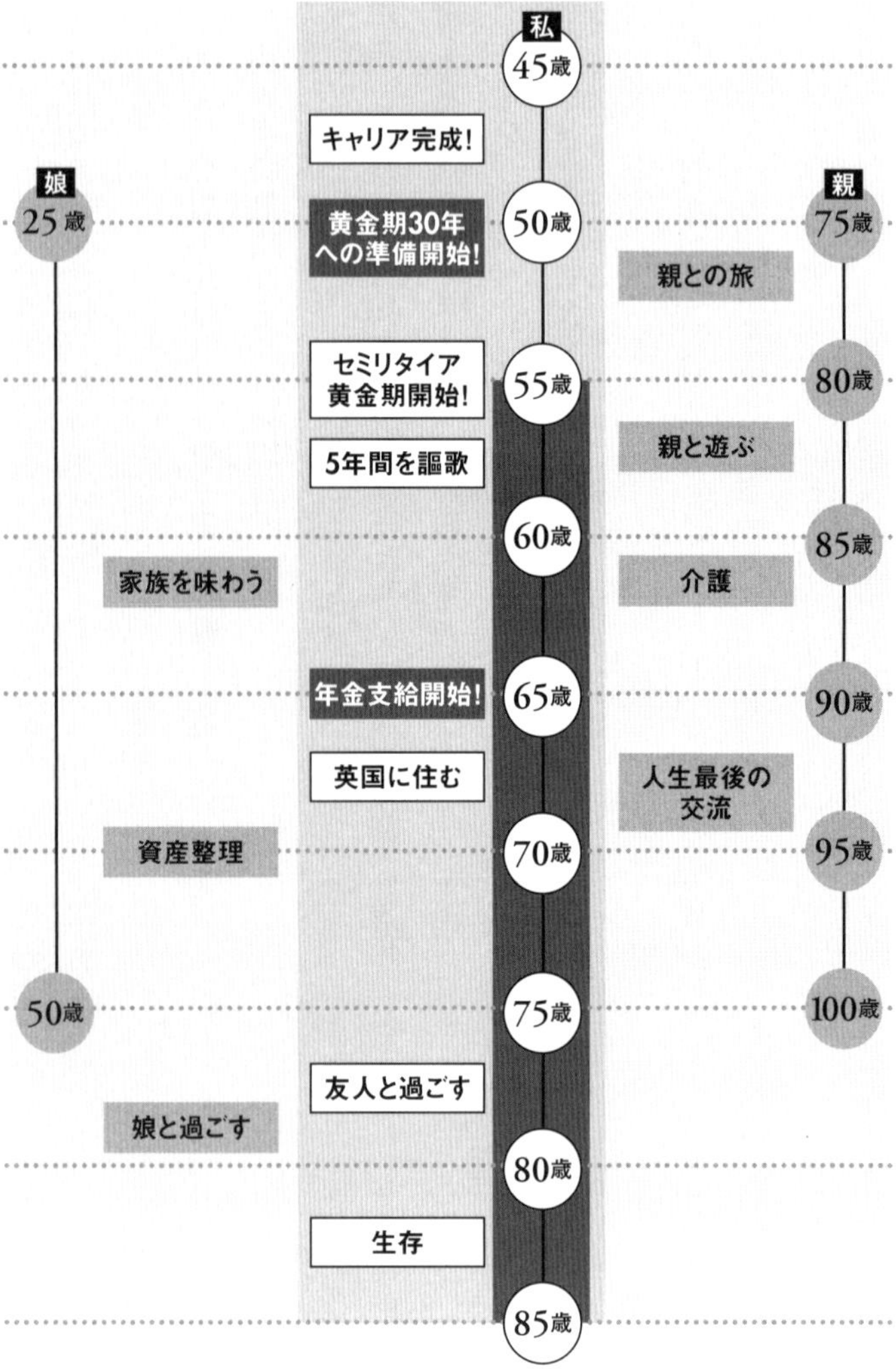

私
45歳
キャリア完成!
娘
25歳
黄金期30年
への準備開始!
50歳
親
75歳
親との旅
セミリタイア
黄金期開始!
55歳
80歳
5年間を謳歌
親と遊ぶ
60歳
85歳
家族を味わう
介護
年金支給開始!
65歳
90歳
英国に住む
人生最後の
交流
資産整理
70歳
95歳
50歳
75歳
100歳
友人と過ごす
娘と過ごす
80歳
生存
85歳

30年生きれば9727万円にもなります。「老後破産」という言葉もささやかれ始め、同年代の友人や仕事仲間は、老後も働かなければやっていけないと不安を訴えます。

私もセミリタイアというくらいですから100％隠居生活をするつもりはありません。けれど、今後はこれまでのように利益を追求するだけではなく、ずっと自分がしたくてもできなかった仕事を始めようと決めました。

それは「質」にこだわる仕事です。まだ固まってはいませんが、密かな計画はあります。何より効率やスピードより質を目指せるのは、大きな喜びです。

早期リタイアすれば55歳から65歳までの10年間は給料も年金も入らないゼロインカムとなりますが、**住宅ローンを完済、もしくは圧縮するなどあらかじめ経費を削り、別収入の道を固めておけば、お金に縛られない自由な働き方ができる**はずです。

年金受給が始まる65歳をいろんな意味での区切りとし、あなたも設計図を書いてみましょう。中心には自分の計画、両端には同時進行で子どもや両親の年齢を書き添えて。こうすると、介護や相続など、この先起こり得ることに対しての心構えもできます。

人生設計図を作るとそれぞれの残された時間（目安）と、家族共に過ごせる時間が見えてきます。親の介護（サポート）や孫の世話などが重なるのが55～65歳の頃かと思います。その後、身軽になった時間をどのように過ごすか。そのためにはお金がどれくらい必要か。計画が立てやすくなります。

ちなみに私が25歳、シングルマザー時代に描いた設計図もお見せしましょう。

貯蓄中心の設計図

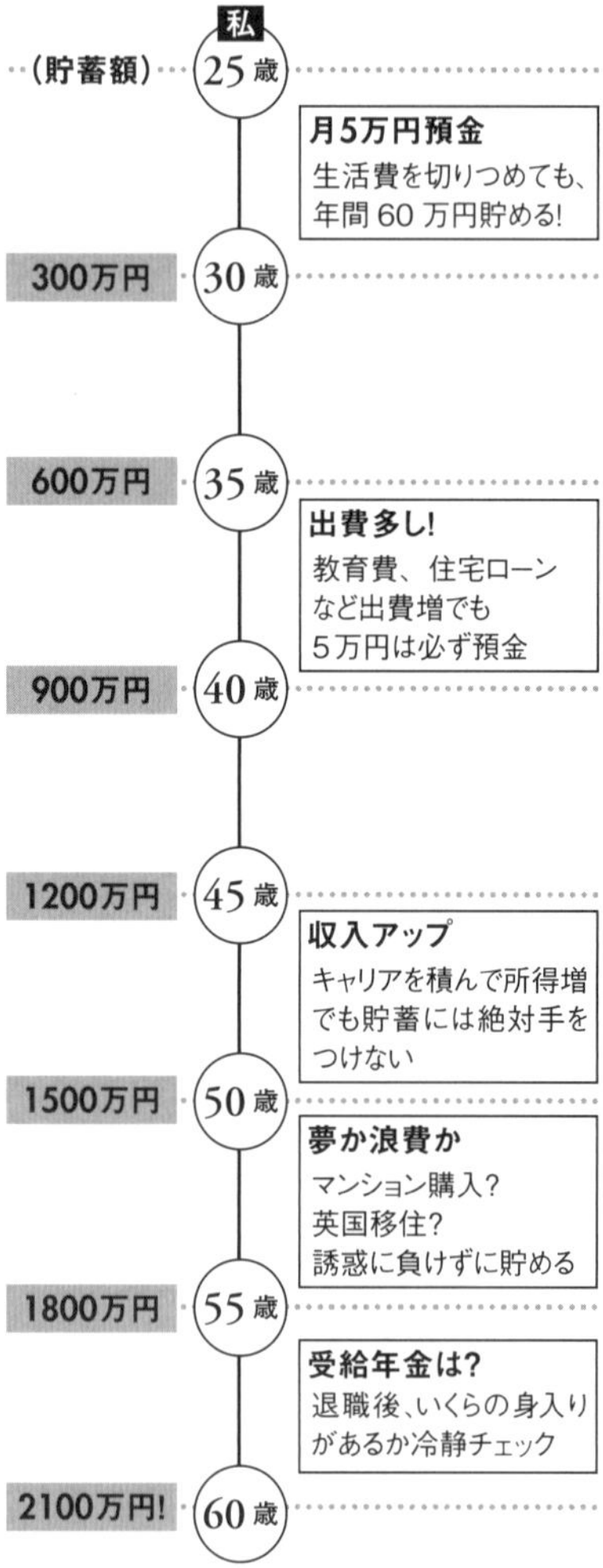

月々5万円の利益をコンスタントに出すぞと決めた20代。60歳を定年と考え、月5万円ずつ35年間貯めると2100万円。これに、手元の100万円を加えると2200万円、年金も出るから何の問題もない！　と信じていました。

仮に60歳から85歳まで生きるとすれば2200万円÷25年＝年88万円。60歳からは年金にプラスして毎月7万円も生活費に使えると喜んでいたのです。

ところが、世の中も自分の状況も、変わっていきます。30代で再婚してWインカムになったため、5万円貯蓄計画をマイホーム購入にシフトしました。ひとり娘も17歳から働き始め、教育費が軽減されたことも大きかったと思います。そして結論から申し上げると、「コツコツ貯める」から、大きく発想の転換を遂げたのです。そのことは次章で詳しくお伝えします。

ともあれ、自分の貯蓄計画や人生のあらすじを表にすることは思考の整理につながり、お金の管理を後押ししてくれます。漠然と未来図を想像するより、まずは人生表を作って悩むほうが、解決の糸口が見えてくるはずです。早ければ早いほど安心です！

どうぞ巻末の「人生設計図」を使って計画を立ててみてください。

第一章

家庭は小さな会社、いかにお金を「儲ける」か

～経営感覚編～

1 月次決算書を家計に取り入れると儲けが見える！

さて、節約しているのにお金を貯めるのが苦手という人の話を聞くと、とにかく日々の生活費を削りに削っている人が多いことに気づきます。食費、光熱費、衣服費など「買わない」「我慢する」「少しでも切り詰める」と、涙ぐましい努力を重ねているのですが、苦労のわりに結果が出ていないようです。

「1年間で100万円貯める！」など節約特集は主婦向け雑誌の定番です。けれど、切り詰めるばかりでは大して貯まらないばかりか、必要な出費にすぐに追いつかれてしまいます。

そこで、**今あるパイ（収入）をベースとして、わが家を会社と見立てて利益を追求する考え**を取り入れてみましょう。

前述したように20代で起業した私は、否が応でも経理を通して日常的に数字をチェックしてきました。そこでいろいろなことを発見したのです。

会社というのは、1期3カ月で、年間のゴールは期末。不動産会社など、多くの企業が3月末に期末を迎え、決算をします。

この1年でどれだけ儲かったかは、決算でお金の出入りを整理して初めて確定するわけですが、普通の経営者は半年くらい前から予測を立て、お金を有効に使おうと計画するはずです。今期は儲かりそうだから設備投資をしよう、社員にボーナスを出そう、と儲けと使用可能な資金を見極めます。

また、逆に会社の売り上げがマイナスに傾いていれば、営業計画を見直し、従業員を削減する、経費を切りつめるなど、策を講じます。

その足がかりとなるのが、税理士が作成する月単位の収支と、その年の累計黒字または赤字が分かる**月次決算書**です。私はこれで毎月大まかな数字を確認し、執筆や取材で多忙になっても慌てないようプラス・マイナスを頭に入れてきました。

この**月次決算書こそ毎月の家計簿に当たるもの**。家計簿を記載する人が税理士の役割を担っているといえます。

例）夫の手取り年収420万円の家庭の月次決算書

○年　○月　決算書

摘　要
臨時収入
臨時収入
<すべて手取金額>
小遣い（夫5万 妻2万 子2万）
住宅ローン・管理費 13万
生命保険2万 貯蓄3万
病院・薬1.5万 食費5万
固定電話0.5万 携帯電話2万
子の定期0.5万
外食2万 冠婚葬祭1万
家庭教師2万
時計の電池交換0.2万
化粧品0.5万 洗剤0.5万 クリーニング0.5万
<経費の合計を記入>

前年同月比較	＋1%

摘要

項目の詳細や内訳を書いておくと便利です。

売上高

「売上高」欄には家族全員の収入（子どものアルバイト代、祝金、月給以外の臨時収入も含む）を記入してください。ただし、賞与は含めません。

㊒＝固定費

経費

「経費」欄は家庭によって項目を増やしてかまいませんが、「雑費」として計上するのは、家計把握があいまいになるので、やめましょう。次頁でさらに詳しく説明します。

人件費
家族の小遣い

地代家賃
住宅ローン・家賃・管理費

水道光熱費
電気・ガス・水道

退職金掛金
生命保険・積み立て貯蓄

福利厚生費
食費・病院・薬

通信費
固定電話・携帯電話・郵便・宅配便

旅費交通費
定期・ガソリン・駐車場

接待交際費
外食・冠婚葬祭・中元・歳暮

外注工費
家庭教師・植木屋・清掃会社・家事代行

修繕費
修理全般・鍵の交換

消耗品費
日用品・化粧品・クリーニング・文具

その他
どれにも当てはまらない費用（新聞など）

	項目	金額
売上高	夫の月給	28 万円
	妻のパート代	8万円
	子(高校生)のアルバイト代	2万円
	株配当金	5万円
	祖母からの小遣い	3万円
	総売上高	46 万円
経費	人件費	9万円
	㊂ 地代家賃	13 万円
	㊂ 水道光熱費	2万円
	㊂ 退職金掛金	5 万円
	福利厚生費	6.5 万円
	通信費	2.5 万円
	旅費交通費	0.5 万円
	接待交際費	3 万円
	外注工費	2万円
	修繕費	0.2 万円
	消耗品費	1.5 万円
	その他	0 万円
	一般管理費	45.2 万円

差引総利益	＋0.8 万円

あなたも現状をつかむため、左の決算書（巻末にもあり）に書き込んでみましょう。

「**売上高**」欄には家族全員の収入（子どものアルバイト代、株配当金、月給以外の臨時収入も含む）を記入してください。ただし、**賞与は含めません**。

「**経費**」欄は次を参考に振り分けてください。

《人件費》↓家族の小遣い
《地代家賃》↓住宅ローン（賃貸の場合は家賃）・管理費〈固定費〉
《水道光熱費》↓電気・ガス・水道〈固定費〉
《退職金掛金》↓生命保険・積み立て貯蓄〈固定費〉
《福利厚生費》↓食費・病院・薬
《通信費》↓固定電話・携帯電話・郵便・宅配便
《旅費交通費》↓旅行代金・定期・車のガソリン・駐車場
《接待交際費》↓外食・冠婚葬祭・友人とのお茶・中元・歳暮
《外注工費》↓家庭教師・植木屋・清掃会社・家事代行
《修繕費》↓家電や自転車など修理全般・時計の電池や鍵の交換
《消耗品費》↓日用品・化粧品・美容院・クリーニング・文具

年　　月　決算書

	項　目	金　額	摘　要
売上高			
	総売上高		<手取金額>
経費	人件費		
	地代家賃		
	水道光熱費		
	退職金掛金		
	福利厚生費		
	通信費		
	旅費交通費		
	接待交際費		
	外注工費		
	修繕費		
	消耗品費		
	その他		
	一般管理費		<経費合計>

差引総利益	前年同月比較　　%

こうしてとらえると、さながら家庭は小さな会社です。貯蓄や退職金の積み立てまでが必要経費となり、わずかながら利益が生まれていることが分かります。このプラスを拡大しましょう。

食費を抑えたり、節約に腐心するより、いかに稼ぎ、売上を伸ばすかに発想を切り替えてみてください。

節約→家庭（個人）
利益追求→会社

会社の経理は「鳥の目、蟻の目、直感」の3つのバランスが必要です。鳥の目とは、広い視野から会社全体の収入と支出をつかむこと。うちは毎月いくらあれば会社として回っていくのかは、売り上げ、従業員の人件費、税金、社会保険料などをざっくり把握しなければ検討がつきません。

一方で地べたを這う蟻のように細かな経費や、業者の密かな値上げなど、穴からボトボト不必要なお金が流出していないかチェックする緻密さ（蟻の目）も大切です。

そしてさらに、現状を踏まえて先を見通す判断力（直感）も欠かせません。

社長になったつもりで改めて家計簿を見てみましょう。会社目線で家計を見直せば、課題や可能性など、いろいろ見えてくるはずです。

2 賞与をあてにした資金計画は人生を破滅させる!?

さて、P26で紹介した月次決算書の例に、夫の賞与は入れていません。**月々の経費は月給のみでまかなう前提**です。

経済というのは、不安定が大前提。賞与を予算に組み込むことは大変危険です。会社の経理では、たとえ契約を締結しても、連絡が取れないなど支払いに不安要素のある取り引き先は入金予定から外して考えます。賞与なども同じ。厳密に言えば、給与と違って賞与は、会社側からしても絶対に払わなければならない義務はありません。賞与が出た段階で初めて家計の売り上げに計上すべきです。そのほうがダメージが低いからです。ボーナス時に加算するボーナス併用の住宅ローンも、同様の理由で私は使ったことはありません。ローン地獄に陥る不安要素はすべて取り除きます。

家庭も売上高は手取りベースが基本。月給と賞与は別ものと考えましょう。

3 毎月出ていく大きな「固定費」から見直しを

シングルマザーの時代、娘がいつも熱を出して保育園に預けられず、フリーライターの仕事は激減しました。仕事のなかった私ですが、近所の洋品店で1枚800円のイラストの仕事を見つけました。Tシャツに落ちない絵の具で絵を描くのです。

3枚描いて紙オムツを買おう、5枚描いて4000円、それを2週間分の食費にしようとか、乳児を抱え制約を受けつつも、現金を稼ぎ、必要経費にあてていったのです。

そうして10万円以下の収入でもわずかながらお金を残すことはできました。そればかりか、築年数の経った格安中古マンションを、父にいくばくか借金して購入しました。

お金は「残す」ものではなく「稼ぐ」もの。

私がこの考えを確信したのは、再婚してからでした。

会社員の夫と自分の稼ぎで収入がこれまでの約2倍になり、家計を一任された私は、これはもう小さな会社のようだとすぐに全体の収入と家庭運営にかかる経費をざっくり把握して、なるべく利益が出るよう夫の給与明細を確認しました。そして、夫が残業するよりも、私が会社で長く働くほうがプラスになるとわかり、夫はなるべく定時で上がって家事と子育てを担当。私が仕事に没頭できるよう役割を変更しました。

会社の論理では**毎月必ず出ていく大きな固定費から見直し、同時に増収の道を探る**のです。まず私は次の2点を見直しました。

1　住宅ローンなど大きな固定費は、より安い金融機関に借り換える→負債を圧縮

2　マンションから一軒家に住み替える
→駐車場代、マンションの管理費・修繕積立金など、計月5万円の経費を軽減

大きな経費から削減していくことで、月々の利益は大幅にアップしました。

日用品、食品などはゼロに近いくらい切り詰めないと、利益増に大きな効果はありま

せん。蟻の目になりすぎると、全体図がぼやけ、不安やストレスばかりが募ります。

タクシーを使ったり、定期清掃業者を入れることは一見ムダな経費のようですが、これは**時間というおまけがついてくる外注費**です。その分、仕事で稼ぐことができれば、効率性が良いといえるでしょう。

最寄り駅から自宅（会社）まで、仮に1回1000円前後のタクシー代がかかるとします。私は「贅沢」するのでなく、**1000円払って「プラスの時間」を作る**と考えました。タクシーを使うことで10分くらい時間ができ、車の中であちこちに連絡を入れたり、急いで戻って机に向かえるなど、仕事がはかどるならムダではありません。車の中から取り引き先に連絡して、良い話がまとまれば100倍になって返ってきます。

起業してすぐ、20代の頃、社長として大きなライセンス契約をする席のため、1着10万円以上の高価なスーツをあつらえました。このスーツから生まれるビジネスに賭けたかったのです。社長をやめたら、Tシャツとスニーカーに戻ればいい。**スーツ代は装うためでなく、信用を得る投資**だと思えば、10万円ほどの費用は十分コントロールできます。これも「稼ぐ」発想からきています。

4 生命保険の高額死亡保障、本当に必要？

もうひとつの大きな固定費が、生命保険です。私の周りでは、ずっと保険に加入しなかった人が40代に突入していきなり保険に入るケースも増えています。老後の不安、周りにすすめられてなど理由は様々ですが、中高年で保険に入ると当然割高となり、審査も厳しくなります。

何より、この年代で自発的に保険加入する人は何らかの体調異変を感じている人が多く、それを保険会社も察知しています。

女性誌の企画で私の保険を診断してくださったファイナンシャルプランナーさんいわく、

「**子どもが大学を卒業して社会人になれば、死亡保障は必要なし**。貯蓄型生命保険も解約して、代わりに手にした百万円単位の解約返戻金を、将来の医療・介護費として貯蓄にあてたほうがいいでしょう」

何万円という高額な保険料を毎月支払うよりも、良質な食品や快眠を促す寝具に使うべきだというのです。

会社を経営する私は、万が一の飛行機事故など考えて、死亡保障1億円近い保険に個人で入っていました。家族と社員への責任感からです。40代に入って間もなく、友人や知人が、がんや子宮筋腫になり不安に駆られたのがきっかけです。その後、子宮筋腫で入院、手術となったのですが、病院への支払い60万円に対して、保険金は40万円ほどしか戻りませんでした。

ファイナンシャルプランナー氏に相談すると、

「万が一の場合、家族（夫も娘も現役で仕事）のためにいくら残したいですか」

と尋ねられました。

2000万円くらいと答えると――

1　今の保険を減額して2000万円の死亡保障にする
2　契約者を会社にして経費となる掛け捨ての死亡保険に入る
3　医療費の自己負担は3割。月8万円を超えたら健康保険でお金が戻るから
先の入院手術代はすぐに請求すること（時効は2年とのこと）

医療保険に入っていないと、病気になったら生活が破綻すると信じて疑わなかった私は、健康保険で高額療養費が請求でき、60万円の入院手術代の差額は貯蓄でまかなえるはずとのアドバイスに、目からウロコ、開眼させられた思いでした。あわてて、子宮筋腫の入院手術代請求の手続きをして事なきを得ました。

プロの改善索に従って見直した結果、月額5万5000円だった保険料が7312円に減額されました。

同じ頃、夫に届いた「保険料見直し」のお知らせを見ると、60歳からの保険料がロケットのようにいきなり値上がっているのです。「毎月の支払いを考えて、生活に見合う妥当な金額の保険に切り替えるべき」と言われ、これまでの保険を解約しました。

夫婦そろって無知でした。
生命保険は死亡保障の額面からではなく、月々、どれだけの保険料なら家計を圧迫せず払っていけるか、まず支払額を決めて全体を考えるべきでした。結果、夫も1カ月8000円少々の生命保険が妥当という結論になりました。死亡保障は500万円以下と受取額は少なくなりましたが、子育て、住宅ローンも終了に近づき、仮に何かあっても保険金がなければやっていけないわけではありません。
何より保険の支払いで家計の儲かる仕組みがひっくり返っては元も子もありません。

生命保険は「いくらもらうか」より「いくら払えるか」が基準です。

それと、保険会社は担当者にどこまで親身になってもらえるかがカギです。たとえば保険に入って手続きをすませたはずなのに、頻繁に見直しをすすめられ、しつこいなと感じたことはありませんか。これは見直しをするごとに保険会社や担当者の得になるからです。

また保険会社の担当がしょっちゅう変わり、せっかく親しくなったのにがっかりするケースもあります。実は大手生命保険会社は売り上げの縛りがきつく、契約がとれないと異動になります。もし、同じ担当者と長くつき合いたいのなら、売り上げ上位にいる人を指名するしかありません。何億と稼ぐセールスマンを会社も他の支店に異動しないよう守るからです。

自分の利益より、契約者のニーズや経済力をきちんと考えてくれる担当者を見極める眼力も必要です。各社の保険を取り扱う代理店で、長年地域に密着、法人登記しているところは評判第一です。誠実度で見極めてください。

第一章
～経営感覚編～

まとめ

●家計簿を月次決算書にあてはめてみる

●「鳥の目・蟻の目・直感」が3本柱

●月々の残高＝利益をいかに増やすか

●賞与など臨時収入は予算に含めない

●住居費・保険料など固定費から見直す

第二章

必要なお金は30か12で割って考えるとうまくいく

～入門編～

1 住居にまつわる長期予算は30(年)で割ってリスク回避

会社はお金を動かす時、長期、短期の予算組みをします。設備投資、本社移転など大きな金額を使う時は長期計画を立てます。

たとえば、創業20周年記念に新社屋を建てるとしましょう。5年後に完成させるには、今年は何を、来年は何をすべきかといった優先順位や、予算の見通しなど、長期計画に沿って進めていきます。

家庭で長期計画に相当するのは住居費の部分です。

たとえば老後を視野に入れて、郊外の戸建てから街中のマンションへの引っ越し。耐震工事、浴室など水回り工事、ＩＨクッキングヒーター導入など、まとまったお金の支出は覚悟がいります。

今のまま住めないこともない。預貯金を崩すくらいなら何かあった時のためにとっておくべきではないか。グズグズ考えるうち、あっという間に50代後半です。退職して収入が目減りしてからでは気持ちの負担も大きく、なかなか腰が上がりません。

お金があり余っている人なら多少高くついても業者任せで、住み替えやリフォームを進められるでしょう。けれど年を重ねると、現役世代に比べ「気力、知力、行動力」が鈍っていくことは自分が一番感じています。

ましてや高齢者になって「欲」や「疑心暗鬼」にあらがいつつの工事や住み替えは、消耗も激しいのではないでしょうか。

私は40代後半から50代に入るまでの間、立て続けに自宅や所有マンションのリフォーム工事を行いました。そのつどまとまった現金がなくなりましたが、思い切れました。今なら失敗しても取り戻す時間があるという精神的なゆとりや、稼ぐ情熱があったからです。

もうひとつ、どんと構えていられた理由は、常に工事の見積もりを**30で割って考えた**からです。40代で住まいを整える作業は、50代以降の**30年間、快適に生きるための先行投資**。今支払うお金は先々少しずつ償却すると割り切りました。

私が自宅の1階のすべての窓に防犯のシャッターを取りつけた時、費用は80万円ほどかかりましたが、30年で割ると1年間2・6万円、それをさらに12カ月で割ると1カ月2200円ほど。これでセキュリティが高まり、安心して夜が過ごせるのなら決して高くはありません。物騒な世の中になり私の住む町でも事件が起きたことから、ひとり暮らしをしても不安のない家にすべきと考えたのです。

このように、**住まいを整備する費用は30年で割って、元を取ろうと思えば納得**できます。

マンションのような修繕積立金がない分、戸建ては自己責任でメンテナンスしなければなりません。

「安心安全な住まいがあれば、人生、8割方満足できる」とは、私の持論ですが、わが家が一番と胸を張って言える巣づくりは、住宅ローン返済が重なったとしても現役のうちに考えるべきだと思います。

人生の夢をかけ50歳でロンドンに住まいを購入した時も、総費用を30で割ってみて、セミリタイアしても何らかの仕事を続けていけばやっていけると思いました。私が生きた証しと言えば大げさですが、イギリスに住む夢をかなえるためにずっと走り続けてきたのです。

好機に恵まれ、年老いたご婦人より譲り受けることができた、小さなフラット。この物件を所有することで発生する費用をムダにしないため、編集部員が寝泊まりする拠点を兼ねることにしました。

すると、荷物は置けるし、パソコン作業もできて、撮影もはかどると仕事はさらに広がりました。

人生半ばの**大きな出費も30で割れば現実的な数字が見えてきます**。大きな買い物をしたのだから頑張ってプラスにする。そう腹をくくって、あえてリスクテイクに出ました。

思い切った出費の善し悪しは、人生に還元されるか否かです。

2 住まい以外にも30で割って考えるべきもの

家具や寝具など長く使うものも、やはり30で割って考えます。

50代に入り、ホルモンバランスの乱れからか、体温調節がうまくいかず、夏場は寝苦しさでいつも夜中に目が覚め、疲れがたまりました。

そんな折、北アイルランドのバンブリッジ地方で生産されているアイリッシュリネンのシーツを知りました。ほてった体温がゆっくりと冷たいリネンに吸収され、冷えとりならぬ熱とり効果に感動。1年ぶりの熟睡を味わって、これは買うしかないと思い切りました。

シーツ、布団カバー、ピロケース、しめて5万円以上の出費でした。贅沢だとは思いましたが、イギリスの人たちは、何代にもわたりアイリッシュリネンのシーツを使い続けています。逆にこれがなければ、当分「ほてり」「のぼせ」に悩まされるでしょう。

高価なリネン、5万5000円を30年で割ると1年間の使用料は1833円、1カ月わずか152・8円でした。仮に娘が受け継いで更に30年使うとすれば1カ月76円となります。電卓を叩き、惜しくない、むしろ安いくらいだと、自信を持ちました。

イギリスには長く使うことを前提に作られた上質の羊毛製品も多くあります。ハリスツイードのスカート、染色と紡績に手をかけたあでやかなニットジャケットなど、いずれも身体を暖かく包み、くすむ肌色を明るく輝かせてくれます。黄金期（第二の人生）名脇役への先行投資。いずれも30で割れば1カ月100円足らずの出費でした。

今の自分には少々贅沢な気がするけれど、なくても生活に困りはしないけれど、とても惹かれるものと出合うこともあるかと思います。

お金の価値は、多い少ないではなく、どんなふうに使うかです。それによって幸せを得られれば、人を助けることもできます。

貯め込むより、**必要なものを30で割って整えていくことは、本当に満足できる暮らし方への第一歩**だと思います。

3 生活費など短期予算は12（カ月）で割ると安心できる

会社でいう短期予算とは、地代家賃、駐車場代、光熱費、リース料、電話など通信料、事務用品費など、日々の業務に必要な費用全般のことです。

家庭でいうと月々の生活に必要な費用、つまり生活費は、短期予算として大きくふたつに分けて考えます。

ひとつは、第一章で挙げた**固定費**に当たる地代家賃（住宅ローン・管理費）、水道光熱費、退職金掛金（生命保険など）。これらは、毎月支払が確定している絶対経費です。自分の裁量でまけてもらう、もしくは払わないわけにはいきません。

それ以外の生活費は**流動費**ですが、食費、小遣い、消耗品などは、工夫次第で安くすませることもできます。いわば金額の増減も含めて自分でイニシアチブをとることができる経費です。

シングルマザー時代、一番気を遣ったのは食費でした。育ち盛りの子どもがいましたので、なるべく安く、良質なものを食べさせたい。産直農家ではとれすぎた旬の野菜を、1000円も出せば食べ切れないほど安く売ってくれます。じゃがいも、玉ねぎなどの常備野菜は、車を出して買い出しにつき合ってくれた友人たちにお裾分け。それでもたっぷり残ります。それを毎日、手を替え品を替え、2週間ほどかけて食べ続けました。お総菜は野菜中心、主食の米や缶詰、調味料は年に4回ディスカウント店でまとめ買いすれば事足ります。

食費で一番費用がかさむのは醤油、味噌などの加工品、菓子、コーヒーなどの嗜好品です。中には1年もつものもありますから、1回の予算を1万円以内とし、それを12カ月（1年分）で割ると1カ月わずか833円です。これに時々購入する肉、魚、卵、牛乳などを加えると、立派な旬のご馳走が作れます。

当時、1カ月の食費は1万円足らず、再婚してからも似たようなものでした。

材料が余った時は冷蔵庫の余り物一掃と、オムレツ、パイ、シチューにして食べ切ります。物を使い切るイギリス中高年の倹約生活を見た時もすぐに馴染んだのは、自分自身に同じような土壌があったからだと思っています。

食費のほか、化粧品、カット・パーマなどの美容代も12で割ります。

女性の場合個人差があるものの、美容にかかる費用は、ばかになりません。化粧品もピンキリですが、たとえば1回につき1万円を化粧品に使ったとしても、12で割れば月額833円です。当然、1年の間に買い足しもありますが、833円でどこまでもつのか試したところ、ファンデーション、チーク、口紅などは1年以上もちました。

私自身、普段はほとんど化粧もせず、オリーブ石鹸（入浴用）を泡立てて洗顔するため、クレンジングの類いも1年に1回買い足すくらいで十分でした。

また、方々でサンプルをもらうため、気がつけば洗面台には小袋、小瓶がたくさん。もったいないと、説明書を読みつつ、たまった試供品を使うので、購入した化粧品がなかなか減らないのかもしれません。

カットやパーマも、美容室に数時間座っているのがもったいないと思ってしまいます。根がせっかちなんでしょうね。なので、年に2回、15年以上お願いしている馴染みの人に頼んでいます。メディアにも露出される大御所ですから、1回の費用は数万円単位。けれど技術力のせいか、カットしてパーマをかけてもらうと、あとは長い時間、自分でケアできます。伺うのは年に2回で12カ月で割れば月数千円と納得できます。

また、12で割る大きな費用としては、税金や保険もあります。不動産にかかる固定資産税、生命保険、自動車や家財保険なども12で割りましょう。自動車保険が仮に5万円、マイホームの固定資産税が10万円なら2つ合わせて1カ月1万2500円です。

家と車は持ったほうがいいのか、借りたほうが得かという議論もありますが、子ども部屋が欲しい、仕事で使うなど、それぞれの事情が優先されるので一概には言えません。

ただ、住まいに関しては、ローンが終了すれば老後の住居費を大きく圧縮することができます。何かあれば賃貸に出したり、売却したりできる家ならお金を生んでくれます。物件選びを間違えなければ、持つほうがいいと思います。

結局、最後まで人生を支え続けるのは、充足感溢れる暮らしの思い出です。

月々1万2500円を出費することで、自分や家族も含め、感動に満ちた暮らし体験が手に入るのなら、車や住宅といった大きな買い物は意味を成すと思うのです。

むしろ、稼いで出費を取り戻すくらいの気概が大切です。

④電卓の持ち歩きで家計が変わる！

手のひらサイズの少し大きめな電卓を、会社の売り上げ予測表とともに、休みの日もいつもバッグに入れてきました。外出先でコーヒーを飲み、ちょっとひと休みする時に、お金にまつわる諸々を解決するためです。

たとえば、今年はとても忙しかったからボーナスを早めに出したほうがいいのではと思いついて、即、どのくらいの予算が組めるのか把握したくなったら、間を置かず電卓を叩いて30や12で割ったりしながら問題を解決します。

人生の状況は刻一刻と変化していきます。昨日までよしと思っていたことも、法律や税率が変わったり、病気になったり、親が倒れたりすれば、そのつど、見直さなければいけません。そんな時も、電卓ひとつあれば、頭の中の数字をきちっと整理できるのです。

電卓を叩く習慣を積み重ねるうち、生きるうえで必要な経費は100%把握できるようになりました。

携帯電話の電卓機能などを使って、ぜひ始めてみてください。

第二章
～入門編～
まとめ

- **長年使うものは30(年)で割って考える**
- **生活費など短期予算は12(カ月)で割る**
- **お金に関する問題解決に電卓は必須**

第三章

会社の論理でお金を貯める、大切な5つのポイント

~実践編~

1 記帳は最低月2回、「入」と「出」を見張る

そこそこの収入を得ているのに、いつもカードローンに追い回され、お金がないとぼやく人を見ていると、通帳記帳の習慣がありません。というより、通帳そのものを失くした、ずっと更新していないなど、持っていないのです。

誰からも干渉されない独身の男女にこの傾向は強いと感じます。**ATMでお金を引き出した残高だけでは、お金の流れがつかめません**。現金はいつしか消えてしまうのです。

このタイプの人たちに共通するもうひとつの特徴は、給与明細を渡しても見ない、引き出しに入れっぱなしというルーズな性質があること。

これでは入金も出金も分からないまま。会社の論理からすれば、この段階ですでにお金の価値は半減しているといえるでしょう。それはお金そのものに、役割がないからで

す。宝くじやギャンブルで儲けたお金は残らないお金の代表格、あぶく銭と呼ばれます。
会社にはこのようなお金は存在しません。

いったん口座に入ったお金は、帳簿につけられ、経理、社長、税理士、はては税務署といった二重、三重のチェックを受けた後、利益と位置づけられるのです。

1円でも100万円でも入金されたら最後、従業員の給料、家賃などの原資という明確な目的に沿って使われるのです。

そのためにも**「入」と「出」はしっかり見張らなければなりません**。その最も手堅い方法が「**通帳管理**」です。

私の会社では朝、昼、夕方と1日3回、通帳の記帳に出向きます。リアルタイムで小口入金まで管理する方法として、これが一番確実だからです。

確かに確認だけであれば、インターネットで見ることもできますが、記帳して詳細を書き込み、必要とあらば誰もが通帳を見られるようにすることで、広い意味での会社の顧客を皆が把握することができます。

記帳した通帳に経理担当者が書き込むのは、

・相手方の正式な法人名

・社内の担当者名

・何の売り上げか

極細ペンでこの3つを記入しておけば、たとえパソコンのデータが飛んでも安心です。これ以上の情報開示はないと思いますし、ひとりひとりに稼ぐ気構えも育ちます。

取引銀行の方々にこの話をした時の、彼らの驚きようは忘れられません。びっくりされました。1日3回も従業員が複数の銀行に走るのなら、パソコンで管理したほうが経費もかからず、はるかに効率的だと言うのです。

効率を考えれば、確かにその通りですが、これで今まで何事もなくやってこられたのです。逆に今、切り換えて流れを変えるほうが不安です。

私自身も最低月2回は自分の通帳の記帳に出向きます。大きな動きのあった時は、もちろんそのつど記帳して、支払先や入金相手の名前を必ず記入します。

2 眠っている通帳や書類は危険ゴミ

長年、重要書類の整理が大の苦手でした。これ何だっけ……化石化した保険証書や通帳（中には現役も含まれる！）に見て見ぬふり。言い訳がましく「片づけられない理由」を考えてみると次のようなことです。

・おびただしい種類の書類が届く
・保存すべきか、捨てていいのか分からない
・繰り越しずみの通帳もたまる一方
・マンション管理組合関係のお知らせ、保険の通知など書類が混在
・いつ作ったか分からないキャッシュカード、印鑑の処理に困る

未整理の書類のかたまりをいつか整理せねばと積み重ねたまま、多忙な40代をじりじりと過ごしてきました。

仕事でロンドン行きの飛行機に乗るたび、**今死んだら残された家族はとんでもないことになる**、と自分の無事を祈り、帰国したら整理しようと心に誓って何年過ぎたでしょうか。確定申告や保険の切り替えの時など、書類探しに時間をとられ、とっておいたはずの「ねんきん定期便」が見当たらない、確定申告前に保険料の控除証明書がないなど、痛い思いを重ねました。

「1年前の通帳のコピーを出してください」

「○×マンションの賃貸契約書を出してください」

税理士から連絡をもらうたびに重たい書類やファイルをかき分ける面倒さ。そして、**いつか失くしてしまうかも、個人情報が流出するかもという不安と手を切ろうと決めた**のです。お金をだまし取るサギ集団が増加する昨今、これらは旨い材料。こちらからすれば超危険ゴミです。

50歳でロンドンに家を持った時、ついに整理を開始しました。

老後崩壊は、自分の所持金や資産すら分からなくなった混乱から生まれることもあります。**「自分が分かりやすい」仕分け方**を優先しましょう。

次項で具体的にアドバイスしていきます。

3 お金の流れがスルスル思い出せる書類仕分け術

重要なものとそうでないものを分類しつつ、無理なく続けられる、書類の仕分け方をご紹介します。

1 届いた書類を封筒から出して、中身が見える透明クリアファイルにまとめる

・クレジットカードの明細
・年別源泉徴収票、税金納付書
・保険会社の通知書
・各種保証書
(不動産の登記書などは厚いファイルに収められているため、別に袋を用意)

2　古い通帳は表紙に通し番号を書き、使用年ではなくお金にからんだ出来事を記す

(例)・義父の相続開始
・Aマンション売却／長女結婚

年数でお金の出入りを覚えておくことは難しいのですが、出来事メモがあればこの通帳がいつのものか、お金の流れもスルスルと思い出せます。

3　不明なキャッシュカード、通帳、旧姓の印鑑などは「不明袋」に入れる

分からないものは「不明袋」に直行。銀行に問い合わせて確認する日を作りましょう。残金が数百円しかない通帳は解約して、なるべく通帳の数を減らすこと。

4　お金に関する「非常持ち出し箱」を用意する

地震、火事に見舞われた時、これを持ち出せば大丈夫というように、お金にまつわる最低限必要なものをまとめた持ち出し箱を作った人もいます。こうしておけば気持ちが落ち着くのだとか。

5　電子収納で書類をデータ化

原本をとっておく必要のない書類などは、データ化するのも手です。

「何百冊もの本をすべて高速スキャンでデータ化して、1枚のCD‐ROMに圧縮。その結果、すべての本棚と収納庫が空になり、書斎は広々快適。もの探しの時間もなくなった」とイギリス人恩師にすすめられたのがきっかけです。

PCオンチの私はスキャンをすべて請け負ってくれる代行業者に一括して頼み、PCに強いプロの手で膨大な写真、資料や本の山を整理して1枚のロムにまとめてもらっています。費用はダンボール30箱くらいで約20万円です。

そうこうするうち、また新たな書類が届き、整理はキリがありません。**何か書類を受け取ったら「これは捨てていいですか」と送り主や銀行、税理士に尋ねる**ことも習慣に。そのほうが手っとり早いことも分かりました。

4 口座自動振替をやめれば経費スルーが食い止められる！

お金まわりの総合整理は、最低でも年に1度、定期的に行ったほうがいいです。私は毎年、イギリスから戻ったお正月休み、気持ちが落ち着いたところで書類の過不足を確認することにしています。整理をしていると**老後へのビジョンも少しずつ固まります**。30代40代の人なら思ってもみなかった未来図が浮かぶかもしれません。

お金を儲けるためには、**習慣性のある出費を極力少なく**していくこと。その代表的なものが日本特有の決済方法といわれる口座自動振替です。

たとえば携帯電話料金。ある日通帳を見て、かけ放題なのになぜこんなに高いの？と驚いたことはありませんか。明細を見て、窓口に連絡すると、契約した覚えのないオプションがついているなど、銀行で振り込み手続きをすればもっと早く気づいたかもしれないと思ったことは数知れず。

そこで、ある時期から私は、口座自動振替を、電気、ガス、水道などの光熱費と電話代、クレジットカードの使用分と年会費のみにしました。

新聞購読代、ホームセキュリティ、マンションの修繕積立金・管理費なども請求書を発行してもらい（もしくは集金で）、詳細を確かめてから支払うようにしています。

ひと手間かかりますが、事前に使用料が通知され、かつ内容に変則性がない光熱費以外のものは、いったん自動振替を承認すると知らないまま料金加算が発生したり、解約に手間がかかるなどのデメリットがあるからです。

口座自動振替が長期にわたると、当初の契約書を失くさないよう、書類管理も大変になっていきます。

「利益」を上げるためには、自分の目でひとつずつ確認して、支払うのが一番。

そのつど請求書に目を通すことで、些少の額でも値上がりに気づいたり、ムダな経費がかなり見つかるはずです。

5 暗証番号、パスワードを安全に管理する簡単な方法

キャッシュカードも数が増えるにつれ、セキュリティを高めようと、それぞれ暗証番号を変えてみたりしますが、そこにクレジットカードが加わると何が何だか分からなくなります。いざお金を引き出そうと暗証番号を押してエラーが出たらもう大変。3回以上は使用不可になるため、どうしていいやらパニックに。その結果、行き着いたのは、**暗証番号やパスワードはアナログ管理が一番ということ。**

1 日常的に使用するカード2枚の暗証番号とパスワードは頭で覚える
2 1以外のパスワードは紙に書いて保管
3 すべてのパスワードをノートにまとめ、金庫などにしまう

厚生労働省の推計値によると、65歳以上の高齢者の約10人に1人が認知症を発症している現代、万が一の時には開封してと、子どもに暗証番号を書いた手紙を渡したという話もよく耳にします。

2005年8月に成立した預金者保護法によって、キャッシュカードの盗難にあった場合、被害者の過失がなければ30日以内に金融機関に報告すれば被害額を補償するとあります。

ただし、次のような場合は例外です。

1 暗証番号が、誕生日、住所(番地)、電話番号と同じ

2 キャッシュカードに暗証番号を書いている

3 暗証番号を書いたメモを財布に入れている

4 暗証番号を他人に教えた

自己責任で自分のお金を守るためにも、すっきりとカードの管理をしたいものです。

私の場合、ハッキングが怖くてインターネットバンキングも使いません。銀行のホームページをコピーした口座情報の読み取りなど、警告画面を見るたび「絶対インターネットバンキングなどしない」と画面を閉じてしまいます。海外のサイトで何かを買う時も、FAXか電話で必要情報を伝えるようにするなど、アナログに徹しています。

番号がらみの管理は、放置して忘れてしまうことが一番やっかい。アナログに徹するほうが、私のようなITに馴染まない人間には一番合っているようです。

複数のクレジットカード、キャッシュカードのほかに、お店のポイントカードで財布が破裂しそうという方も多いはずです。

私は渡英のたびに各種ポイントカード、診察券を財布から抜き出し封筒に入れ替える作業がわずらわしいため、無印良品で100円ほどのカードホルダーを購入しました。半透明でバッグに入るサイズです。カード60枚まで収納でき、横入れタイプで中身が飛び出しづらい点が気に入りました。ポイントカードを分離し、太った財布からようやく卒業です。

お馴染みの店にはポイントカードを預かってもらい、買い物のたび登録電話番号で照会後、ポイントを加算してもらっています。本当にありがたいサービスで、このようなシステムが、もっとあればいいのにと思っています。
「自宅に置いておくのは危険だから」と、肌身離さずあらゆるカードを所持していると、落とした、失くしたとわずらわしいことになりますから。

第三章
～実践編～
まとめ

●通帳記帳は最低でも月2回
●税金や保険などの書類は年に一度点検
●お金の流れは「年」より「出来事」で記録
●請求書は書類入れ直行ではなく、必ず目を通す

第四章

会社をやめても不安なく生活するためすべきこと

～生活防衛編～

1 勤務先の健康保険を100％使って退職前に病気対策!?

20代で出版社のアルバイトから正社員になった時、手渡された健康保険証。医療費が安くなった、今日から自由に病院に行ける。私はやっと一人前になった気分になりました。

会社をやめる際、不安になるのも、この健康保険、厚生年金の社会保険加入から外れることです。今は昔と違って健康保険も国民健康保険と同じく医療費の自己負担割合が3割となり、病院で会計する時の違いはありません。ただし、会社が一部を負担するため、保険料のすべてを自前で捻出しなくてもいいのです。

このほか、健康保険には次のようなメリットがあります。

1 傷病手当金

業務外の病気、ケガの療養で会社を休み、給与の支払いが受けられない場合、4日目から最長1年半の間、給与の3分の2に相当する額が支給されます。

2 出産手当金

予定日の6週間前から、出産日の8週間後までの範囲で、給与の支払いが受けられない期間を対象に、給与の3分の2に相当する額が支払われます。

3 健康診断

会社では常事雇用者すべてを対象に義務づけられています。費用は会社が負担します。

会社をやめて国民健康保険に切り替えるには、市町村役場の国民健康保険課に出向きますが、その前に考えるべき点が。

それは、**やめると決めたら健康保険のメリットを最大限活用**することです。歯の治療や皮膚科など、健康保険があるうち、気になるところを治し、健康診断も積極的に受診しましょう。

妊娠、出産に臨み、退職した女性を知っています。事務手続きも会社が行ううえ、予定日の6週間前から出産日の8週間後までの全14週、約3カ月分、給料の3分の2が支給されます。仮に月給20万円の人は、約13万円×3カ月＝約39万円＋出産育児一時金が入りますから、若いカップルにとっては捨てがたいメリットです。

案外、見落としがちなのは、自分の会社がどの健康保険団体に属しているかということ。健康保険証の下の部分には保険者名称として、会社が所属する団体名が記載されています。

主に大企業は組合健保、中小企業ならば全国健康保険協会ですが、業種によっても異なります。

たとえば、東京でＩＴ関連の会社に勤める人は「関東ＩＴソフトウェア健康保険組合」、出版業で働く人なら「出版健康保険組合」など。それぞれの組織では「お薬セット」を被保険者にプレゼントしたり、定年退職後も引き続き在籍できる制度を設けたり、独自の保障、サービスを展開。ひと口に健康保険といっても、業種の性質に応じて保障やサービスに違いがあります。今一度保険証を確認してください。

2 見落としがち！退職後の「負担増」への備えを

脱サラして何かを始めたい人が直面するのは、当初収入はほとんど入ってこない現実。それればかりか、家族全員分の国民健康保険料などが引かれ、負担増となります。

国民年金保険料は所得にかかわりなく一律ですが、国民健康保険料（国保）と住民税は、前年度の所得に対する割合で、算定されます。

これまでは会社がすべて取り仕切り、給与から自動天引きで、自分が払っている実感がなかっただけに、大きな痛手となります。仮に年収２０００万円だった人が会社をやめて起業し、年収３００万円に下がったとしても翌年の国保と住民税は高いままです。

食品会社に勤めていたある男性は、やめる前の1年間、ノー残業を貫き、有給を消化するなどして、なるべく給与が上がらないよう働いたそうです。彼は、退職後、小さな食堂を開く計画があり、所得をあえて下げる方が得だと考えたからです。初年度、売り上げが少なくても、国保と住民税は前年度の所得によって決定された額を払わなければいけません。よって前年度に高額な所得を得たら、生活に支障が出ます。

退職に備え、貯蓄するためバリバリ稼ぐか否かは、退職後どうするかによっても変わってくると思います。

40〜64歳 世田谷区（東京都）の場合

※ 2015 年度の参考例

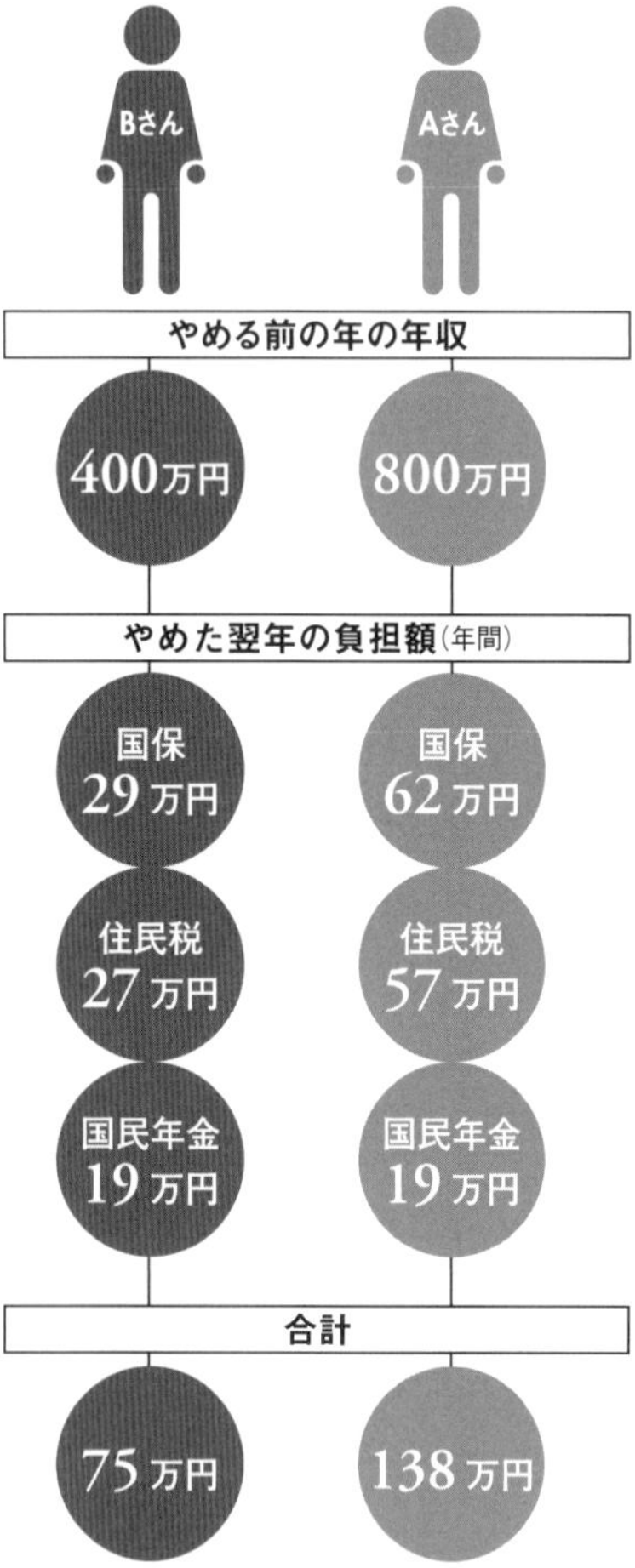
Bさん
Aさん
やめる前の年の年収
400万円
800万円
やめた翌年の負担額（年間）
国保 29万円
国保 62万円
住民税 27万円
住民税 57万円
国民年金 19万円
国民年金 19万円
合計
75万円
138万円

63万円も差が出る!

3 年収300万円の人が1000万円稼ぐ人より貯まる理由

人は誰しも収入に対しての生活リズムを作り、いつしかその環境に馴染んでいきます。

仮に結婚して年収300万円とします。社会保険料など様々な控除を受けつつ、最終的に手元に入るのは約250万円としましょう。12カ月で割ればまさに月給20万円少々ですが、この人はその枠内で暮らし、わずかでも貯蓄するサイクルに馴染んでいます。

給与が上がり、臨時収入が入ってもすでに月給20万円ベースでやっていく基盤ができているので、年収1000万円（手取り約700万円）になった時、これまで通り250万円で生活すれば残り450万円を貯金に回すことも可能です。そうなると10年間で4500万円貯めることができます。序章でも書きましたが、私は20代の頃、家計が苦しくても**毎月5万円は必ず貯蓄**しようと決め、実践していました。

では、すでに年収1000万円をもらっている人はどうでしょうか。年収1000万円組の特徴は、税抜き実質年収はおおよそ700万円なのに、**稼いでいる意識が肥大化して**、なぜか年収2000万〜3000万円取る人と同じ感覚に陥ってしまうそうです。

生活スタイルを見ていると、1000万円組は年収300万円の人よりつき合いも活発で、外食も多く、高価な服を着ます。持ったお金はほぼ出ていく、バブル時代の申し子タイプです。

問題なのは、**年収300万円の人が年収1000万円の生活はできるけれど、いったん年収1000万円の生活に馴染んだ人は、生活水準を下げることができない**という点です。衣食住にまつわる生活費、固定資産税の支払いなど、膨らんだ固定費を切り詰めるのは大変難しいのです。

手堅く見えた経営者が大きな借金を抱えて破綻するのは、**拡大路線で突き進むよりダウンサイジングのほうが、はるかに難しい**ことを物語っています。社会的地位やビジネスへの愛着に固執するうち、支払いはどんどん迫ってすぐに追いつかれてしまいます。

解決策は、**収入の「変化に強い人」になること**。これが大切です。

4「第二の人生予算」の組み立て方

転職・起業・Uターン・田舎暮らしなど、第二の人生をスタートさせるにあたって、必要になってくるお金は大きく次のふたつです。

1 日々の生活費

2 自分自身の老後（介護）費用

それぞれおおよその予算を考える必要があります。これは家庭の事情やパートナーの有無によって千差万別だと思います。

私の場合は、夫に定年後、再雇用の制度があるのか、給料はいくらかなどを会社に確認してもらい、預貯金という土地の上に給与（再雇用）＋年金＋雑収入（家賃収入）の**3階建て収入の道**（次頁の図参照）を考えました。

預貯金の上に3階建て収入

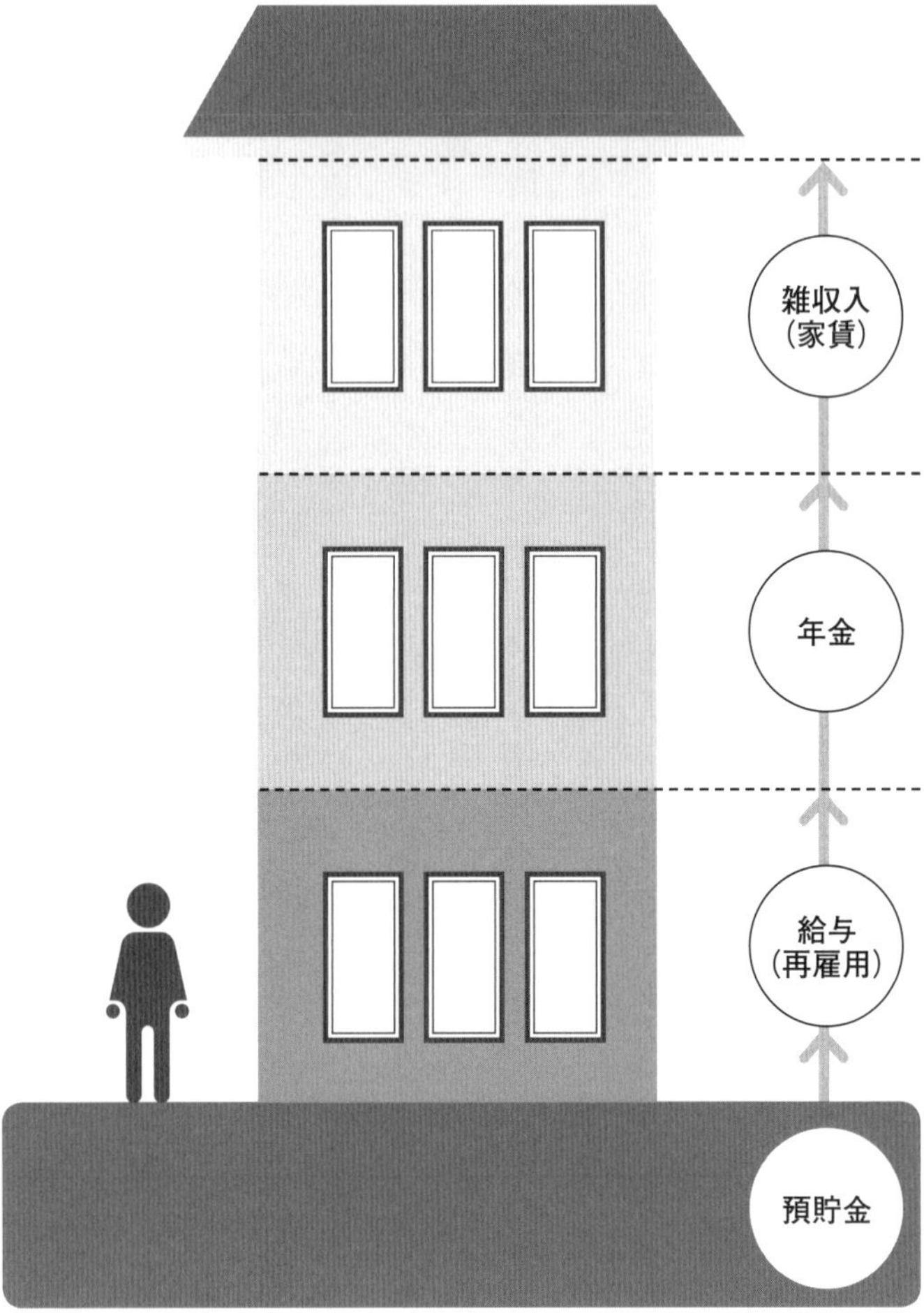

わが家の場合は、私がイギリスと日本を往き来するうえ、郷里・長崎への思いもあり、どこで余生を送ってもいいよう資金計画を立てなければなりません。好きな土地で自由に生きるとなれば、最後は子どもではなく、他人の手を借りることになるかもしれません。その際は、自宅を売却して自分の介護費用を作るつもりです。

いざ長崎に帰るとなった場合、東京往復の交通費や、友人との交際費も欲しいところ。まだ想像の域を出ていませんが、自分が望む生き方に必要な原資は誰も与えてくれません。

最後まで自由でいたい。好きな場所で暮らしたい。このような選択権を持つには、それなりの蓄えと情報が必要です。

どこに暮らすとしても大それたお金は必要ないと思いますが、「私がいつでも自分で生き方を決められる」状態を維持したいのです。

経済的基盤があれば、家族に反対されて未来が狭められることもありません。

5 起業・転職する際の覚悟と心得

世界トップレベルの長寿を誇る私たち日本人の第二の人生は、何か新しいことを始めるのに十分すぎるほど時間があります。

1 やめた後、したいことは何か
2 それは誰とやるのか
3 お金はいくら必要か

こういう漠然とした計画を組み立てる時、カーッとなって「これやりたい！」と飛びついたものは案外すぐに冷めてしまいます。逆に何年たっても興味を持ち続けられる「好きなこと」は本物。消え去ることなく、繰り返し心に浮かびます。

また、身近な人に軽く「こんなことをしたい」と話してみるのもいいでしょう。話している自分に無理や違和感がないか、相手とのやりとりを通して確認するためです。最後は自分が決めることですが、身近な人が「いいじゃない！」と後押ししてくれたほうが、より弾みがつきます。「どうかなあ」と異論が出たら、その理由の中に自分も危惧している「計画の欠陥」がないか検証。どのみちやりたいと思っているのなら、修正できることは改めて、リスクを削っていったほうが気持ちもすっきりします。

料理が得意で、食べた人に喜ばれるなどして自信をつけた人なら、カフェや料理教室を始めることもできます。インテリアが好きなら、雑誌を見たりショップを訪ね歩くうち、プロ顔負けのセンスを身につけ、それをいかせるかもしれません。

誰と始めるのかはおいおい考えるとして、店を始めるなら開業資金、自宅を教室にするならリフォーム費用と、必要な資金を考えなければなりません。

私のように50代で好きなことを始める場合の資金は、極力少ないほうがいいと考えます。退職金を注ぎ込み、店や事業を立ち上げる人もいますが、万が一うまくいかなければ、老後の原資を食いつぶしてしまいます。

「好きなことは別財布」が原則です。

日々の生活がほんの少し潤うくらいの儲けが出れば、プレッシャーもなく、存分に楽しんで続けられるはずです。

人生は有限です。限りある時間内で、より多くの感動や幸福を味わうほうが、大金を手にすることより価値があると信じています。

肝心なのは、仕事の基礎ができたらいつでも、思い立った時に方向転換できるという「自由の土壌」を持つことです。

20代は社会性、対人力、仕事のキャリアを固める時期です。安い給料で貯金もままならず。でも、自分を鍛え、30代、40代へ飛躍するための現場経験を積む体力と気力がみなぎっています。

残業も、出張も、理不尽な配置転換も、すべて経験値として身になるのが20代ではないでしょうか。たとえ同じ毎日を繰り返しても、継続によって人間的深さが身につきます。

私が起業した時、1冊100円のつたないフリーペーパーでしたが、自信を持って法人向け1年間の購読契約を集めました。ある人材派遣企業の部長さんは、私の話がビジネス戦略の役に立つと、月に1度、その会社の会議に1時間参加することと引き換えに、ものすごい予算を割いてフリーペーパーを買い上げてくれました。

また、海外不動産を扱うある会社の支社長は、私にいろんな人を紹介してくれました。その中のひとりが、20年以上の時を経てロンドンの家探しを後押ししてくれたのです。50代でロンドンに家を持てたのは、20代であちこち飛び回り、自社媒体を売ろうとした経験からでした。それが第二の人生に続く道すじを作ってくれたのです。


仕事のつらさや達成感がわかる人には、上司、部下と世代を超えて人が寄ってきます。その人たちによって情報ももたらされます。

人脈、新製品の噂、安くて旨い店、珍しい国の文化など、一見仕事に結びつかないような情報でも蓄積されると引き出しが増え、判断のブレもなくなっていきます。

情報とお金は密接につながっているものです。

6 自分の人生に「必要な人リスト」を作る

若い頃、私はこの世の中で最終的に頼れるのは親しかいないと思っていました。部屋を借りる時、住宅ローンを組む時、いつも保証人を求められ、そのたび親に助けられた経験を持つ人は少なくないでしょう。

お金をせびったことは一度もありませんが、会社経営から家庭内のいざこざまで、父にはずいぶん相談に乗ってもらいました。税金のこと、慶弔金の額が分からないと電話で尋ねると、「ちょっと調べてかけ直す」と、銀行員や取引先の社長さんをつかまえてすぐに答えを返してくれたのです。

まさに電話一本で解決のよろず相談所でした。

そんな様子を見ていて、人間にとって年と共に大切になってくるのは専門知識のある人との交流だと気づかされました。

父はどちらかといえば面倒くさがりなタイプです。**自分で何かを調べるよりは、誰かをつかまえて巧みに教えを乞う**のです。同じく面倒なことが苦手な私も、父のスタイルが自然と身についたのかもしれません。

弁護士、会計士、不動産鑑定士と、大きなお金が動く不動産売買にはプロフェッショナルな人々が組み込まれています。裏を返せば、リスクを分散する自己防衛の手段だと言えると思います。

考えてみれば、仕事で成功している人、安定した家庭を築いている人には、周囲に信頼できる人が少なからずいます。

年を重ね、親の今後も考え、自分で自分を守るため、分からないことを任せられる人たちが、私にも必要だと感じました。ただし、相手の提案が自分にとって良いのか悪いのかを判断する力は、常に磨いておかねばなりません。

セミリタイアを前に、今後もお世話になる専門知識を持つ人たちは、何人くらいいるだろうと、私は必要な人リストを作ることにしました。

〈必要な人リスト〉

・**医師A**

子宮筋腫手術の執刀医。以来ずっと定期検診に通っている元大学病院の医師。血圧・コレステロール、すべてここで定点観測。何かあれば大学病院に紹介状を書いてくれる。

・**医師B**

会社近くにある病院の院長。20年以上、従業員の健康診断もここで。社員共々お世話になっている。

・**税理士A**

創業時からお世話になっているため状況把握が早い。適切なセミリタイアの道を共に考えてくれた。

・**税理士B**

Aとは別の法的分野に強い。物腰柔らか、今後は相続の相談を。

・銀行員
お金まわり全般、不動産関連、社内のＩＴ化まで考えてくれる。
・保険担当者
損害保険、生命保険などすべて任せている。多方面に人脈あり。
・経営コンサルタント氏
問題解決能力に長け、あらゆるトラブルを相談している。
・ヘアメイクさん
美容だけでなく、体調の優れない時もリンパマッサージで疲労を一掃してくれる。日常の相談ごとも。

（その他）**語学の先生　弁護士　不動産会社の営業マン　工務店の社長**

友人、家族を含まない「必要な人リスト」を書き出してみると、ほとんどの人が20代、30代の頃に、身内や仕事関係者から紹介された人、もしくは偶然知り合い、長くつき合っている人でした。時の年輪にほっとします。

50代からの人脈作りとは、「○○さんと知り合った」と著名人の名刺を集めることではないと思います。そのようなおつき合いは、互いによほど強い思いがなければ長くは続きません。見栄を張るつき合いは思い切って手放して、本当に必要な人と必要な話をするほうが健全です。

自分にとって必要な人とは、身内がカバーできない分野であなたの話を聞き、知恵や助言をくれる人のこと。一度、交友関係やお世話になっている人を思い浮かべながら、ぜひ巻末の「必要な人リスト」に記入してみてください。

第四章
～生活防衛編～
まとめ

- 病気や歯の治療は退職前に
- 退職後の国保・住民税・年金保険料を試算
- 収入が増えても生活レベルを変えない
- 何年たっても消えない夢＝本気でやりたいこと
- 情報や人脈はお金につながる

第五章

親子間でお金の話はタブーどころか必須

～介護・相続編～

1 親の介護費用は親の貯蓄でまかなう

地方に暮らす親と離れて生活している方にとって、親の介護は常に心に引っかかっている課題ではないでしょうか。

ひと口に介護といっても親の経済力、病気の有無など千差万別です。介護制度の仕組みそのものが分かりにくく、親も子も、頑張れるうちは自宅で何とかしようと考えるのではないでしょうか。

もし親が要介護になった時、どこで、誰が、どんなふうに看《み》るのか。兄弟姉妹間で話し合う機会もなかなかなく、いざ現実になってみないと動き出さないというのが現実です。お金も労力も等分に負担して、協力し合って介護することもなかなか難しそうです。

介護をした人が遺産相続で多くもらえなかった。逆に親を看たいのにお金がないなど、介護にまつわる人力、経済問題は兄弟間で争いの原因にすらなります。

介護保険制度では、基本的な日常生活は自分でできるが支援が必要な人（要支援1）

で在宅サービスを利用する場合、自己負担限度額1割負担が5003円、2割負担が1万6円です。

1割か2割、どちらの自己負担になるかは、所得によって変わってきます。

また、生活全般にわたり全面的な介助が必要（要介護5）になると、自己負担限度額は負担1割が3万6065円、2割負担で7万2130円とぐっと高くなります。

各自治体では、要介護認定を受けた人のために、1割または2割の範囲で利用できるサービスを組み合わせて1週間ごとのケアプランを作成してくれるので、まずは問い合わせを。


同居別居いかんにかかわらず、年老いた親をサポートするにあたっては、それまでの親子間のつき合い、ひいては人生観があぶり出されます。将来介護が必要になった時どのような形を望むのか、あらかじめ親に話を聞いておくことが大切です。


親の介護資金は、親の貯蓄から出す。それが一番すっきりします。

退職して高齢になった両親が年金をいくらもらっているのか、株などの配当があるのか、貯蓄は……親の年収がどこからいくら入ってくるのか、明確に答えられる人はそう多くないと思います。

親の資産を探るファーストステップは次のポイントを把握することです。

1　父と母、どちらがお金を管理しているのか
↓現状

2　万が一の時、子どもの中で誰に資産整理を託したいのか
↓本心

3　現在の年金受給額はいくらなのか
↓主たる生活費

4　生命保険は入っているのか、死亡時の保険金はいくらか
↓イレギュラーな遺産

5　現在、固定資産税はいくら払っているか
↓所有不動産

この**5つを理解したうえで、セカンドステップとして、最も神経をつかう金融資産について尋ねる**ほうがスムーズだと思います。

同世代の仲間や友人の中にも、「親のお金」にまつわる心配を抱える人は少なくありません。

ひとりっ子の友達は、夫の協力のもと近所に暮らす母親を看ていますが、毎日のように実家で過ごしているのに、親の通帳や実印の場所が分からないといいます。

というのも、彼女の家では脳梗塞で入院中の父親が財布の紐を握っていたからです。それがトラブルのもとでした。すべての情報はワンマンな父親が倒れた後、封印されてしまったのです。病院にかかる費用や生活費を引き出すこともできず、彼女たちが立て替えを続けています。

この父親は元気な頃、「お前たちに迷惑をかけないぐらいの金は貯めてある」と娘夫婦にも豪語していたのに、使えない貯蓄では全く意味を成しません。

このところ増えている認知症も心配です。金融資産情報が全くなければ、通帳、キャッシュカード、印鑑が盗難にあっても分かりません。離れて生活していると、「最近ちょっとボケたわね」という会話すらできないのですから。

親のお金が多ければ相続税対策、少なければ介護費用をどうするかと、何らかの形で子どもを悩ます原因となるのです。

親の資産を探るためのステップ
STEP1
父と母、どちらがお金を管理しているのか
現状
STEP2
万が一の時、子どもの中で誰に資産整理を託したいのか
本心
STEP3
現在の年金受給額はいくらなのか
主たる生活費
STEP4
生命保険は入っているのか、死亡時の保険金はいくらか
イレギュラーな遺産
STEP5
現在、固定資産税はいくら払っているか
所有不動産
金融資産を尋ねる

2 お金以上に重要なのは「親の死生観」を知ること

どちらかといえば男性のほうが厳しい現実を先送りしがちのようです。

女性の場合は、親や自分自身の介護にまつわるややこしい制度や各種支援について、周囲と情報交換したり、しかるべき人に尋ねて、なるべく持ち出しがないよう工夫しようとします。

けれど、妻に先立たれるなどで男性ひとりの場合は、分からないまま放置する傾向が強く、その結果、受けられるサービスまで逃してしまうことが多いというのです。

母親と娘よりも父親と娘の間で、意思確認に苦労する場合が多いようですが、私の場合、父は経営についての相談役でした。何かを尋ねたり、必要とあらば上京してもらったりと、離れて暮らす距離を埋められる共通のテーマがありました。それが本当に良かったと思っています。

これまでのやりとりのおかげで、母と等しく父にも、**万が一、ひとりになったらどうしたいのか尋ねる**こともできます。

その父が80代に突入して最初のお正月のこと。母から「尊厳死の宣言書」に父が嫌がってサインをしないので、口添えしてほしいと相談されました。

一体どんなものか尋ねると、書類の内容は次の3点でした。

1　延命措置をしない

2　苦痛を和らげる緩和医療をすること

3　持続的植物状態に陥った際、生命維持装置を取りやめる医療従事者への要望書

署名したものは一般社団法人日本尊厳死協会に、間違いなく本人の意思として登録されます。

母はこれまで、何人もの高齢者が本人の意思と関係なく、ただ延命するため病院でつらい思いをして身内にお金を使わせてきた姿を見て、どちらが先に死んでも、医療従事者にきちんと自分たちの意思が伝わるよう手続きをしたいと言いました。

死を考えたくない父にとっては、聞きたくもない話だったようです。

ですが、何があっても人間としての尊厳を捨てたくないという母の考えを代弁しました。

話すうちに私も一緒に登録しようと思い、結局、皆で署名しました。


手数料は、文書作成にかかった時間が1時間以内ならひとり1万1000円。(宣言書を協会で保管してもらうためには会員になる必要があり、年会費ひとり2000円、夫婦で3000円、他に終身会員も)。後日、母は自分たち夫婦の登録証のコピーを、私も含めた娘3人に送ってきました。まだ介護に至らぬうちに、「死」について語り合えた。このようなやりとりは、介護費用以上に重要なことだと思います。

「自分が死んだら」と自ら話してくれるタイプの親は心配いりませんが、そういう話をしにくいタイプの親には、この「尊厳死の宣言書」をきっかけにするのもひとつの方法かもしれません。

3 金持ちでない一般家庭こそ「遺言書」が必要

2015年1月1日より相続税の制度が変わったことで、一気に課税対象者が増えました。

（改正前）
基礎控除額＝5000万円＋1000万円×法定相続人の数
（改正後）
基礎控除額＝3000万円＋600万円×法定相続人の数

改正によって相続税の基礎控除が4割も減額されました。
配偶者は常に法定相続人、続いて子ども。子がいなければ父母、子も父母もいなければ兄弟姉妹と順番があります。

東京にちょっとした一軒家があれば、3000万～5000万円ぐらいの評価額はつきますから、老後破産報道と相まって、どれだけ相続税を取られるのか、不安になる人も多いと思います。

正しい知識を学び、準備をしておけば、相続とは人生最大級の不労所得となるのですが、前項で書いたように、親の株、保険、預貯金など金融資産も分からず、そこに不動産が加わると、いったいいくら相続税を払えばいいのか皆目見当がつかなくなります。

親が遺言書を書かないことで発生する代表的リスクは、

1 争続（身内で取り分をめぐる争い）

2 負の遺産の処理（借金や債務がある場合）

この2点だと感じます。子どもの中の誰かひとりが親に遺言書を書いてもらうよう説得し、イニシアチブをとって相続を執行することが一番現実的だと思います。

相続はお金持ちだけが直面するわけではありません。現実には相続税などかからない5000万円以下の財産分割による「争続」が全体の8割にも及ぶと聞きました。法定相続人の配偶者も口をはさみ、親族間で争いを繰り広げるケースも増えて、相続がらみの税務署への密告も後を絶ちません。故人の隠し財産を税務署に調べ上げてもらおうとわざわざ密告する時代です。

こうなると、**遺言書が必要なのはむしろ相続税がかからない普通の家庭**だと思えます。ベストセラーとなった下重暁子さんの『家族という病』で、殺人事件で最も多いのは「家族間」であるというくだりが頭に浮かびます。疑心暗鬼や嫉妬による傷痕を家族に残さないためにも、遺言書はあったほうがいいのです。

私自身は「遺言」と書いたクリアファイルをすでに用意して、お金に関わる通帳、死亡受取金が下りる保険の一覧、ロンドンの家の住所や弁護士、管理会社の連絡先を書き出しています。

京都府で遺品整理をする会社の社長さんに取材した折、「今まで一番大変だったのは、一戸建てのゴミ屋敷を片づけながらの遺品整理」とおっしゃいました。依頼主の娘さんはグチャグチャのゴミの山から、現金や通帳、有価証券や土地の権利書、指輪など、「とりあえず金目のものを見つけ出して」とパニックになっていたとか。丸1週間かけて写真と共に金品も探し出したそうです。現金、貴金属などのほとんどは、コンビニ弁当の残骸や、割り箸、ペットボトルの下に放置されたままだったとか。

お片づけブームの裏側に貼りついたこのような手のかかる現場は、ますます増えているそうです。

人は年を重ねると猜疑心が強くなり、分からないことには頑固になります。「鉄は熱いうちに打て」と言いますが、**資産や遺言に関しても、親が定年を迎え元気なうちに膝を交えて話す**ことが何より大切だと思います。

4 子に残すか、自分で資産を使い切るか

貯蓄があるなしにかかわらず、つい子どもたちにお金を差し出したくなるのが日本人だと思います。それだけに自分用のお金と子どもに渡してもいいお金はきっちり分けておく必要があると感じます。

ご存じのように、日本の金融資産の半分超は60代以上の中高年のものといわれています。

両親＋父方母方の祖父母＝計6名の資産は、お金のない若い世代が結婚して出産・子育てする際の隠れた財源。このシックスポケットからいかにお金を引き出すかが大きな課題です。

日本では今、若い男女が結婚して家を買い、子育てをするすべての行程にこのシックスポケットの受け皿となる非課税制度が設けられています。主なものは次の通りです。

1　結婚・子育て資金の一括贈与

（非課税枠上限）１０００万円

（用途）挙式・新居への引っ越し・出産・不妊治療など

※２０１９年3月31日まで。子や孫が50歳になって使い残しがあれば、贈与税を課税

2　住宅取得資金贈与

（非課税枠上限）３０００万円

（用途）50㎡以上の耐震等級２以上など良質な住宅が対象

※２０１６年10月〜２０１７年9月に契約、ただし購入物件が消費税10％の場合

3　教育資金の一括贈与

（非課税枠上限）１５００万円

（用途）孫の幼稚園から大学までの塾・留学などを含む教育にあたる費用

※２０１９年年3月31日まで、孫が30歳になって使い残しがあれば、贈与税を課税

自分が汗水たらして家族のために稼いだお金を相続税で持っていかれるより、可愛い子や孫に渡してあげたい。老後の自分たちの暮らし向きを少し質素にすれば何とかなる。

非課税というお得感もあり、子どもをサポートしたい親心もありで、何千万円単位のお金が一気に吐き出される非課税一括贈与は、親子のお金を分ける際の奥の手といわれます。

グラミー賞受賞歴16回というロックスターの大御所、スティングが6人の子どもたちに財産を渡さないと宣言した話を思い出します。日本円にして312億円ともいわれる資産を持っている彼は、子どもたちが経済的に依存しないことを誇りに思うと話していました。

同じくイギリス人セレブの頂点に立つデイヴィッド&ヴィクトリア・ベッカムの子どもも、ロンドン市内のコーヒー店で時給400円少々のアルバイトをしていたとか。

「イギリス人は今日を生き、日本人はリタイア後を考える」と言われる通り、イギリス人は自分が稼いだお金は子に残さず、使い切ります。旅行や田舎暮らしなど、思い切り人生をエンジョイするイギリス人リタイア世代の貯蓄は500万円前後。それを原資に本当にしたかったことを叶えていくのです。

どちらの選択が自分にとって幸せなのか、遅くとも50代までには考える必要がありそうです。

5 老親と「最後の旅」のすすめ

親が元気なうちに一緒に旅行、これほど有意義なお金の使い方はないと思います。

これまで私の仕事をずっと支えてくれた両親。父は会社経営のイロハを教えてくれ、母は家事や料理のルールを事細かに教えてくれ、新刊が出るたび書店をのぞきに行ったり、講演会にもやって来て、末席に座り笑顔で話を聞いてくれました。

80代を目前に、今が海外へ旅立つラストチャンスかもと、ふたりとの旅行を決行。9日間でスコットランド、ヨークシャー、フィレンツェと、イギリス・イタリア2国を回る強行軍でした。

「私たちは昔のようにテキパキ動けない。『ゆっくり行動』を心がけて」と言われるたび、喜びより心配が大きくなりました。老親を伴う海外旅行とは、もしかしたら自己満足なのだろうかと。

やり直しのきかない今回の個人旅行で、私が気をつけたのは次のことです。

●移動手段

レンタカー、キャブ（タクシー）を要所要所に手配して疲れない移動手段を。

●ガイド

1泊2日のフィレンツェ&トスカーナ地方は、2日とも現地ガイドとドライバーを手配。1日当たり6万円～と安くはなかったけれど、言葉の問題、何かあった時のリスクや、猛暑のイタリアで安全に観光するため依頼。おかげで、3時間待ちのウフィツィ美術館へもすぐ入場でき、トスカーナ地方の小さな町々も半日ではしごできました。

●宿

泊まること自体が目的の豪華なスコットランド「オールドコースホテル（セント・アンドリュース）」の後は、朝食を作りに来る以外オーナーがいない半セルフケータリングの民宿に連泊。英語のできないふたりにとって、常時イギリス人と顔を合わせるB&B（朝食つき宿）はくつろげないと思えたので、気疲れしない配慮を。

●スケジュール

電車で移動するだけの日をあえて作りました。スケジュールに縛られず、ゆっくり次の目的地まで行けば、寄り道もできてリラックスできます。

こうして、費用より時間短縮を優先して、安全にトラブルなく旅をするため万全を期しました。

出発の日、もしも両親が迷子になった時のため、海外用携帯電話を2台、羽田空港でレンタル。英ポンドなど、外貨は私が管理することに。

久々に会う彼らを見ていると実に面白い。上着を着る着ないなど、何でも母の言いつけを守る父。羽田の免税店で一瞬、父の姿が見えなくなっただけで焦って探し回る母。手をつなぎコンコースを歩くふたりは子どものよう。薬の袋にも細かく朝・昼・晩と飲む薬の種類が書いてあり、準備は本当に大変だったのだと気づかされました。

はたして、9日間はあっという間で、これまで味わったこともないくらい素晴らしい旅でした。

ゴルフ命の父にとって念願のセント・アンドリュースは、世界屈指の名門コースでありながら実は市民に開かれた場でもあります。誰でも自由に歩き回れ、隣接のパターゴルフ場で市民が堂々とプレーを楽しむ様子に感動。文学少女の母が憧れ続けた『嵐が丘』の舞台ハワースでは、エミリー・ブロンテがインスピレーションを受けた荒野を皆で散歩しました。

フィレンツェでは、ガイドの女性と共にルネサンスの足跡をたどり、トスカーナ地方では丘の町を散策と、私ですら疲労困憊したにもかかわらず、元気に歩き続ける両親の姿に、言い尽くせない大きな贈り物を受け取ったようでした。

ハムステッドを私の自宅がある東京・吉祥寺と勘違いした父は、ハワースからハムステッドにある私の家に戻るなり「あー、やっと吉祥寺に着いた」。うっかり口走った自分に大笑いしつつ、そのまま昼寝をしてしまったのです。ふたつの町は似たような雰囲気だったのかもしれません。ロンドンにも拠点を持った私には、何よりうれしかった出来事です。

帰国して、一抹の寂寥感と幸福な思い出とともに、メモや資料を整理している頃、「無理してでも出かけて良かった」と母から手紙が届きました。

両親との旅行で、イギリスはヨーロッパの中でも高齢者が旅するのに適している国だと思いました。

ゆっくりウォーキングできる丘陵、よく手入れされた美しいフロントガーデン、見知らぬ相手でも話しかけてくる英国人の習慣など。スローな日常のペースが、高齢者に優しく、安心なのかもしれません。

親に残された時間に何ができるか、何をしておくべきか、悔いが残らないように、自分の時間軸と併せて考える必要があるでしょう。

第五章
〜介護・相続編〜
まとめ

- **親の年金・生命保険・資産額をさりげなく聞く**
- **実家が一軒家なら「争続」防止に遺言書が有効**
- **親との旅行は、最も有意義なお金の使い方**

第六章

「死ぬ時に一番お金を持っている」では意味がない

～運用編～

① 不動産購入は、できれば40代までに

会社が生み出した利益は、設備投資（事業開拓）、借金の返済、株主配当（株式会社の場合）などに使われ、残りは内部留保として蓄えます。

さらに、資産の有効活用のため、たとえば空き地を駐車場にして賃料を発生させたりなど、取引銀行と相談して運用していきます。

お金と縁のない人を見ていると、「無頓着」か「神経質」のどちらかに属するような気がします。もうひとつ、「海千山千」タイプの人もいますね。

「海千山千」は経験を積み、世の中の裏表を知り尽くして悪賢いという意味ですが、「海に千年、山に千年住みついた蛇が最後は龍になる」という言い伝えからきています。お金の強者なのですが、危なっかしいイメージがつきまとう人です。

私はお金においてかなり保守的な面があり、自分の知らないこと、分からないことには気持ちが動きません。私の周りでは30代後半から株や外貨預金を始めた人もいますが、

年じゅう株価の動きを見張っている様子に、自分には無理だとあきらめました。

逆に自分が馴染んできたもの、好きなこと、理解できることには積極的です。20代で会社を立ち上げたのも、祖父が会社経営者として事業を成功させ、それを支える父の姿が自分に刷り込まれていたからです。祖父は70年前投下された原爆で黒く焼けた民家からスタートし、高度経済成長の波に乗り、自社ビルを建て、不動産を次々と獲得していきました。その様子に何の知識もないながら私は、すごいなあと感服しました。

住まいに強い関心を持ち続けたのも、このような生い立ちからでしょうか。かつ20代にインテリア雑誌の編集を通して、有名無名にかかわらず、たくさんの人々の住まいを見てきたため、家を買う心構えができていたのでしょう。

祖父も父も、持っている物件をきちんとメンテナンスして、貸借人の方々と良い関係を保ち、「家賃収入」を得ていましたので、そのあたりの素養も自然に身につけたのかもしれません。

少し前、東京・吉祥寺で500万円のマンションをリフォームした奮闘記を出版しましたが、住まいの確保はいつの時代も私のミッションでした。

シングルマザー時代、築年数のたった格安中古マンションを、父にいくばくかの借金をして購入したのが始まりです。安い住まいさえ確保すれば、毎月の最も大きな固定費、家賃をセーブすることができるからです。

こうして、貧しかったけれどいつも冷蔵庫に食べ物はあり、住むところもありました。生活が破綻するはずがありません。

相続が発生して、思わぬお金が入った時も、前々からいいなと思っていた物件が売りに出ていることを知り、すぐに動きました。

すべて自宅近隣の吉祥寺の物件です。そのほうが管理しやすいうえ、賃貸需要もあるからです。

各種調査で「東京で住みたい街ランキング」首位の吉祥寺をはじめ、自由が丘、恵比寿などは古いマンションが多く、それらは比較的安く購入することができました。借りる人は、多少古くても借地権でも、きちんとリフォームされていて、管理状態や眺望が素晴らしければ、家賃次第で喜んで借りてくれます。

ちょうどバブルがはじけたといわれている1991年から1993年頃、不動産価格が下落したものの、人気の街・吉祥寺の賃貸需要が途切れることはありませんでした。

不動産は元気で活力のあるうちに購入することが大切だと思います。定年間際になってくると老後の不安も増し、二の足を踏んでしまいます。若いうちなら最悪自分が住めばいいと、いかようにも修正できるからです。

30代、40代で良い物件を取得できれば、遅くとも60代から不動産が稼ぎ始めます。

「儲ける」理論で、資産価値も重視した不動産購入の注意点は次の通りです。

1 人気の街（エリア）に建っている
2 修繕積立金、管理費合わせて2万円以内
3 古くても管理会社によって建物の管理が行き届いている
4 自分も含め3人以上の人が住みたいと思う物件である
5 車の騒音、店舗からのにおいなどがない
6 ワンルームを避け、30㎡前後の広さがある

そして、いったん購入したら長く持つということです。そのためにも家庭の利益をしっかり出すこと。会社でいえば退職金掛金、家庭では年金、貯蓄にあたる積み立て金をあてにしてはいけません。金利の安い今は一部アパートローンなどを利用して補塡《ほてん》し、家賃次第で借り手がつくような物件を探すことです。

知人が30代で購入した東京都内のワンルームマンションは20㎡を切る狭さでありながら、新築とあって価格が3000万円以上もしました。頭金ゼロだった彼は、業者が紹介する賃貸収入を上回るローンを目いっぱい組んだため、月々の支払いが家計に食い込み大変な目にあいました。

ローンを使う場合は、最低、**家賃収入－(管理費＋修繕積立金)で相殺できる物件**にすべきです。

日本にはイギリスにない「減価償却」という考え方があります。確定申告をすれば、月日と共に建物の資産価値が下がる分、鉄筋造りの場合で47年間、家賃収入から減価償却分を控除できるメリットもあります。

不動産業者のように、売ったり買ったりを繰り返し、利益を得る人もいますが、本当に自分がいいと思う物件はそうたくさん市場に出るものでもありません。若い頃から探し始めれば、じっくり時間もかけられます。

「近県の○○市に利回り15％以上のアパートが格安でありますよ」と聞かされても、自分が住みたい物件でなければ、大豆や小豆に投資するのと同じ。万が一、貸借人がつかなければ、先々ただのお荷物になってしまいます。

家庭（個人）で儲けを出す面白みは、そこに自分が好きで興味ある何かがあること。でなければ、長続きしません。

2020年の東京五輪を前に、貸したい部屋と借りたい旅行客らを仲介する「民泊」サービスの人気が高まっています。わずらわしい部屋の掃除や旅行者への対応を請け負う代行業者も登場。欧米に根づいたB＆B、空き部屋を貸して収入を得る民宿ビジネスは、旅館業法に触れるなど物議を醸していますが、いい形で日本に定着してほしいと思います。

2 持ち家率の高いイギリス人の住宅投資はマネしやすい

住宅投資が盛んなイギリスでは、約7割の人々が若いうちから家を購入し、「ハウスラダー」と呼ばれる住宅の梯子を上っていきます。

2014年イギリス一般住宅の平均価格は45万9000ポンド（約8721万円）と、平均年収3万5600ポンド（約676万円）の13倍となりました。このところロンドンでは年間に約10％値上がりが続き、物件の提示価格も毎年75万円上がり、ロンドンの住宅は高騰しすぎて、一般市民は郊外へ、地方へと、より可能性のある住まいを求め都心を離れています。

ちなみに2014年3月末までの住宅価格の推移を見ると、ロンドンでは17％、イギリス全体でも8％アップと、イギリスの住宅はコンスタントに上がり続けています。

英国統計局によれば持ち家率も2007年度の73・3％をピークに、2011年は64

%に下がりました。けれど、5%の手持ち資金があれば政府が住宅ローンの15～20%を貸し付けする「Help to Buy」など優遇措置もあります。慢性的な住宅不足から家を借りても家賃は高く、家を買うことが資産形成の第一歩と国を挙げて住宅購入を後押ししているのです。

とはいえ、収入も低く、お金のない若い世代にとって普通の家は高嶺の花。そこで、大がかりな改修をしなくては住めないような廃屋同然の家を買い、自らリフォームに挑んで費用を安く上げ、人も羨む住まいを作り上げます。石壁しか残っていないような農家を、趣あるカントリーハウスにしたり、ワンルームフラットを中2階にするなど、家族総出で家造りに励むのです。

このような家の持ち方を見てきた私は、当たり前のように家は土台さえあればいいと思っていました。安い中古住宅を見つけては、飽きもせずリフォームに挑んだのも、イギリス人の財テクが中古リフォームにあると見てきたからです。

街の可能性を見極める先見の明も大切です。

たとえば、今ではトレンディなエリアと評される東ロンドンも、ひと頃前までは治安の悪いエリアでした。その反面、中心部で交通費がセーブでき、お金はないけれど広いスペースが必要なアーティストや若いファーストバイヤーにとっては、安くて便利と隠れたバリューも。やがてロンドン五輪で再開発が進むとイメージは大きく刷新され、地価も上昇しました。

資金のない人々は東部のようなエリアに可能性を見出し、**安価で物件を購入。リフォームして値上がる時期を待って売却し、手にした利益でさらに部屋数の多い住まいを手に入れる**という、住宅による資産形成を果たしていくのです。

これがイギリス人の多くが実践する住宅投資です。

100年以上経過した超中古物件が現役の住宅として流通している限り、工夫を凝らし、手を加えることで、購入価格より高く売れて、利益を稼ぎ出すことができます。その額は2000万円~数10億円。物件の部屋数やロケーションにより異なりますが、預金の金利を大幅に上回り、タイミングが良ければビリオネア（億万長者）になる可能性も十分です。

ただし、このような**イギリスの住宅投資には、日本と大きく違う社会的背景が**いくつか絡まっています。

1　長期で見れば住宅価格がゆるやかな右肩上がりで上昇している
2　極めて厳しい建設基準があり、簡単に新築住宅が建てられないため慢性的な住宅不足
3　親が子に資産を継承しない
4　築年数が経過しても住宅の資産価値が下がらない

中古住宅の資産価値が20年でほぼゼロになるという今の日本社会の制度。国をあげて欧州型の制度をもっと導入してくれれば、日本でも無理のない住宅投資が広まるのではないでしょうか。

3 投資教育を受けていない日本人が陥りがちな失敗

この本の取材を進めながら、今の日本でお金持ちと呼ばれる人たちはどんな職業の人が多いのか、大口投資家を顧客に持つ銀行員に尋ねたところ、4つを即答しました。

・地主
・経営者
・医者
・相続を受けた人

不労所得の代表、地主。親や配偶者の財産を受け継いだ人。そして、医者は多忙だから使う時間がなくお金が貯まっていく。もちろん経営者はピンキリですが、稼ぐ人はすごい。いずれにも共通するのは、本業がしっかりしている人、**目的ある人がお金持ちになり、お金を残す**そうです。

巨額の財政赤字を抱えつつ、それを相殺する個人金融資産がある日本では「お金が入ったら貯める」考えが根づいています。世界の貯蓄ランキングを見ると、先進国の中で首位を維持することはできなくなっているようですが、それでも日本人は貯蓄の天才です。

それは日本人が農耕民族だったことと無関係ではありません。凶作時のため米を備蓄する**農耕民族特有の「貯める」DNA**がすり込まれているからです。

その結果、日本人が一番お金を持っているのは死ぬ時という、欧米では考えられない現象が起きています。

私たちは**退職金をもらった時ではなく、死ぬ時に、実質資産がピークになる**のです。

どういうことかといえば、まず死亡時に備えた一括受け取りの生命保険金です。死んでも葬儀代くらい自分が出す、子どもに迷惑をかけたくないと、生命保険に加入することは日本人のたしなみとなっているようです。

保険金は500万円×法定相続人が非課税ですから、万が一、相続税が発生した時の肩がわりをしようとするのです。

備蓄した財産を子に受け渡す。そのための相続税まで蓄えるのが日本人です。

それに対してイギリス人はじめ欧米人は狩猟民族。食べ物がなくなれば自ら獲りに行き、腹を満たします。欧米でクレジットが流通する理由は、欲しいものがあればまず買うから。人々は**「貯める」のではなく「買う」ことに長けている**からです。

彼らの価値観なら、相続税を払わなくていいよう、自分が生きている間にさっさとお金を使ってしまうでしょう。

相続税に限らず、何かが起きれば、そのつど借りるなり稼ぐなりすればいいと考えるからです。

これを裏付ける情報があります。デイリー・テレグラフ紙が報じたイギリス人の平均預貯金は１６７８ポンド、つまり約32万円（２０１２年）でした。また世界最大級の金融機関ＨＳＢＣが２０１３年イギリスで８８０万世帯を対象に実施したアンケートではなんと25％の人が「貯蓄なし」でした。

蓄えがなければ安心できない日本人には信じがたい結果です。

だからこそ欧米人は、今あるものを増やしていく投資への関心が高いのです。

ごく普通のイギリス人とお茶を飲みながら世間話をすると、「インベストメント」（投資）の話題が出てきます。最も盛んなのが住宅投資ですが、ビジネスの売買、ジョイントベンチャーで共同経営者になったなどの話も聞きます。「money makes money」、つまり金が金を生む知識を、家庭や友人関係の中から見様見真似で学んでいくのです。

投資教育を受けていない日本人はお金を持つことに慣れていません。退職金、贈与などで大金が入るとたちまち不安になり、盗まれないか、このまま持っておいていいのか、税金はと、心穏やかでなくなります。裏を返せば、貯めることは天才的でも、お金の運用が下手といえるでしょう。

ある証券マンは、「日本人はお金については右へならえです。皆が買えば自分も買う。NTT株も話題になって上がっている時に買う。リーマン・ショックで株価が暴落すれば、不安になって買った時より安いのに売ってしまう。挙句、こんなはずではなかったと悔やむのです」

ムードに流され、買わなければ損をするという**行き当たりばったりでは、投資して儲ける戦略が見えません**。

NTT株以来の大物商品といわれた日本郵政が株式上場した時も、関連会社を含め買いが殺到しました。投資教育を受けていないため、何も分からず銀行や郵便局の窓口に株を買いたいとやってくる人もいるほど。

窓口で「ここでは買えない、証券会社へ」と説明しなければ分からないほど、投資に関する基礎知識が希薄なのです。

投資教育とは、株や投資ファンドの専門家が子どもたちに専門知識を伝授しているという意味ではありません。

財を成したイギリスの事業家は、子どもの頃、友人から錆びついた中古の自転車を10ポンド（約1900円）で譲ってもらいました。そうして自分でカラフルなペンキを塗り、ライトを取り替え、スタイリッシュな自転車に蘇らせたところ、自転車を売った友人にそれを買いたいと懇願され、3倍の30ポンド（約5700円）で売り返したそうです。

彼は1カ月のうちに何と約3800円を手にしたのです。

I made profit by myself. ——**親に頼らず、自分の力で儲けを作り出すことは、子どもでもできること**でした。

これが住宅投資など身近なものからお金を稼ぎ出す発想につながっていくのです。

※1ポンド＝190円で換算

4 投資用にマンションを買うなら会社をやめる前に！

銀行にお金を寝かせておいても、お金そのものの価値は目減りします。イギリスで不動産投資に成功した人は、日本なら人気の街の駅から徒歩10分以内に安いマンションをいくつか持つことが一番だといいます。

とはいえ、自宅もままならないのに投資用の家を買うなどリスクが高すぎると思う方もいると思います。

この先、今の会社に勤め続けるか分からないのに、ローンを組んで家を買うなどもってのほかと思われるでしょう。ところが、銀行など金融機関で住宅ローンを組む場合、所属する会社の規模にもよりますが、サラリーマンである給与所得者であることが最低条件となります。

フリーランス、起業して事業を興した人は、いくら羽振りが良くても、経費などで収入を落として確定申告するケースが多いため、いざローンを組もうとしても審査に通らないことがままあります。サラリーマンがいかに社会的信用があるか、家を買う時に思い知らされたとがっかりする人も多いのです。

低金利の今、0・5％台の住宅ローンも登場。以前に比べればタダ同然といえるほどです。住宅ローン控除で申告すればお金が戻る仕組みも拡充されています。また、銀行によっては預金に応じて、実質住宅ローンの金利を下げるなど、手堅い会社員を相手に有利な商品が揃っています。

少子化で家も余っているし、借りた方が得と考える向きもありますが、持ち家は安定資産です。何かあれば頼りになるうえ、どこに住むか、更新は……など住まいの心配がなくなります。

退職を考えている人は、まず在職中に住宅ローンを組むこと。**たとえ退職金というまとまった頭金があっても、会社をやめてしまったら、金融機関の審査はかなり厳しくなりますから、家を買うなら在職中です。**

仮に今現在の給与が下がっていたとしても、過去3期分の給与がそこそこであれば年度末前の11月中に契約する算段をつけて、過去の実績も合わせて勝負してください。

現役の給与所得者のうちに住宅ローンが確定すれば、後は退職してアルバイト生活でも、月々のローンさえ返済すれば金融機関は文句を言いません。

そのうえで、退職金を元金にお金を貯めて、人気の街に安い中古物件を購入するのが安全です。P120でも書きましたが、雑誌でも頻繁に特集される街は、家賃さえ折り合えば借りたい人はまだまだいます。借地権付きの中古マンションなども含めて辛抱強く探してみてください。

仮に700万円のマンションを、家賃7万円（管理費7000円＋修繕積立金7000円）で貸すと5万6000円（管理費と修繕積立金を引いた額）が手元に入ります。1年間で67万2000円、10年間で672万円、減価償却など確定申告で節税効果もありますから、仮にずっと借り手がついた場合、10年目後半から月々おおよそ5万円（固定資産税など引く）のお小遣いが入ってきます。

5 金融のプロが教えるお金を残す人の特徴

いつか来るかもしれない台風のために、収穫した米を倉に置いておく。これが私たちのDNAだと前に書きました。備蓄のあるほうが心安らかに生きられる日本人の歴史的背景を見れば、もともと投資に向かない民族かもしれません。

いざという時のためにとっておきたい心理は預貯金を好むし、投資といえど元本保証を求めます。

ところが、政府は今、インフレ率2％を目指しています。もしこれが達成されれば、100万円貯めていても、物価が2％上昇するため、お金の価値は約98万円になります。つまり、100万円をプラス2％の102万円にしなければ、お金が目減りしてしまう理屈になるのです。

金利が下がっている今、ただ預けるだけで金利が年間2％もつく定期預金など、どこにもありません。つまり、銀行に寝かせておくだけではお金を守っていることにはならないのです。

たとえば、退職金が1000万円出たとします。1000万円すべてを投資するわけにはいきませんから、リスク回避のため500万円は預貯金に回し、残りの500万円で4％の運用を目指します。両方ならせば、数字上2％アップの1020万円となるわけです。これが本当の意味で、自分のお金を守ることにつながります。

今後、政府の目論見通り、物価が上昇するかどうかは分かりません。景気が悪ければ給料も上がらず、物価も上がりません。

政府は2017年に法人税を20％台へ引き下げる→その分企業が給料を上げる→国民は積極的にものを買う→物価が上がる→景気上昇という図式を推し進めようとしています。

銀行など金融機関も、昔なら企業から金（不良債権）を回収しろ＝むやみに金を貸すな！ でしたが、今では日本のベンチャー企業を育てろ＝金を貸せ！ と180度転換している印象です。

さて、投資経験のない日本人に「株のイメージは?」と尋ねると、「明日どうなるか分からないもの」と、多くの人が答えるそうです。

実は私もそのひとり。バブルがはじけた時、リーマン・ショックを目の当たりにした時、「株に手を出さないで良かった」と胸をなで下ろしました。投資に縁遠い日本人にとって、株とは必ず儲かるというより、やけどをして損するイメージがこびりついているのではないでしょうか。

一方で、アメリカ人は株のイメージを「企業の業績が良ければ必ず上がるもの」と、自信を持って答えます。

オーナー企業、同族企業が多い日本では、ビジネスの局面でも血縁や伝統を重んじます。役員や株主たちが経営の危機を感じても、大胆な方策がとれないのは、しがらみで物が言えないからです。社外取締役にも友達を引き込み、物言わぬ経営をよしとしてきました。

ところがアメリカの企業は、物申す株主に監視されています。企業の大株主が経営に首を突っ込んで社長の首すら飛ばす国です。当然、株主を意識した経営をしなければ企業そのものが成り立ちません。

決算が良ければ株価が上がり、しっかり配当が出る。だからアメリカ人は業績の良い企業の株を買えばお金が儲かると自然に思うわけです。

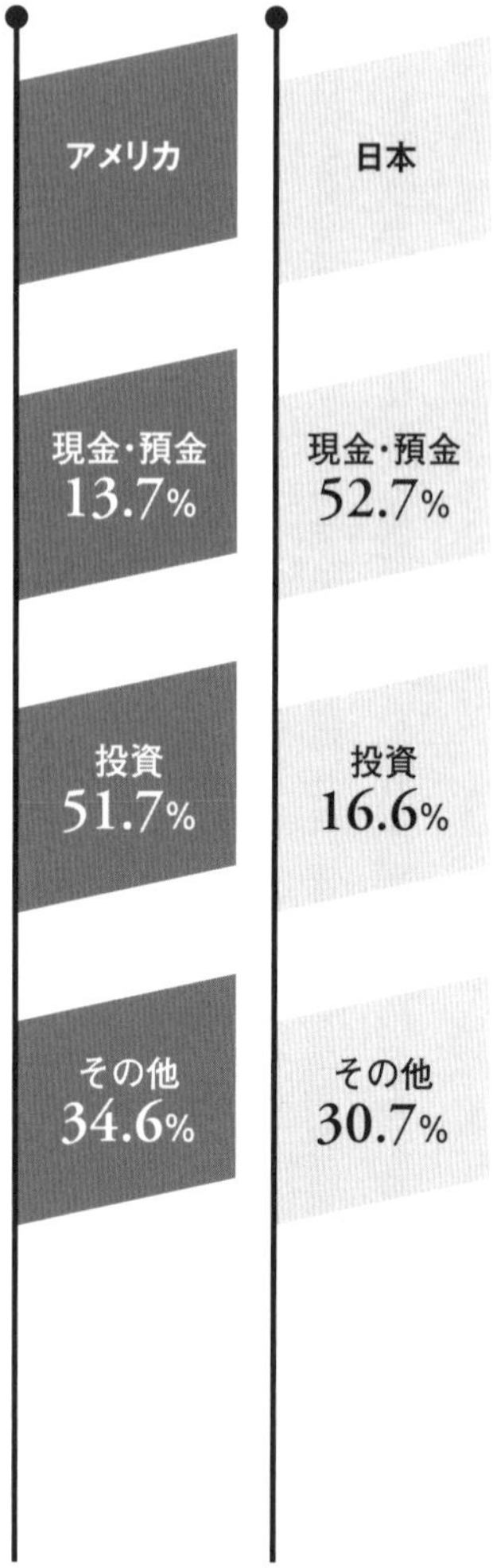

「資金循環の日米欧比較」より
(2015年　日銀調査統計局調べ)

日本では株や投資信託を含め、何らかの投資をやっている人の数はまだまだ少なく、アメリカと比べても貯蓄偏重です。日本人はお金が余れば即、預貯金する、アメリカ人はお金が余ったら株を買うと言われます。

日本でも２０１４年1月よりＮＩＳＡ（少額投資非課税制度）が登場しました。株式、投資信託の投資によって20％かかる売却益などの課税を、年間１００万円を上限（２０１６年からは１２０万円）に５年間非課税にするメリットを加え、日本人の預貯金を投資にシフトさせようというのが政府の考えです。メガバンクをはじめ各金融機関が、一斉にＮＩＳＡをＰＲしたことは記憶に新しいでしょう。

それでも投資は苦手という人は、とりあえず何から手をつけるべきか。ファイナンシャルプランナーが提案する方法は次の３つです。

1　物価上昇で預貯金は目減りすると認識する

2　税金や世界経済の仕組みをもっと知る

3　銀行や証券会社の人と話をしてみる

1は、まず新聞を読むことから始めましょう。投資に目を向けようにも、経済について何も知らなくては話になりません。

2については、仮に1000万円現金があるとしても、物価上昇率が年5%の場合、5年後には784万円相当しか価値がないことになります。

3は、窓口に出向く時間がなければ、インターネットや雑誌などで情報収集してみましょう。

今、注目されているのは、不特定の人からお金を集め、運用会社が株や債券などに投資する「**投資信託**」です。

資産残高は2015年5月末時点で、102兆4574億円もあると報じられました。株高で運用益が増えたことから、少しでも利益を得たいと願う人々によって、年金用の資産も流れ込んでいます。

ただし、株価、金利、為替の変動などによって、解約した時点で元本割れするリスクもあります。これが預貯金との違いです。

私は個人年金に注目しました。

中でも「**個人型確定拠出年金**」は、掛金すべてが所得から控除できる節税メリットがあります。会社で従業員に払う場合は、掛金に所得税、住民税もかかりません。掛金は毎月5000円から2万3000円まで、1000円単位で選べるうえ、60歳まで掛けられます。受け取りは一括も可能ですから、年金開始までのつなぎにもなります。

ほんの立ち話からいろいろな情報が得られるので、金融のプロと話すのは楽しいものです。営業されると煙たがる人もいますが、こういう人たちはタダでお金にまつわる知識を手ほどきしてくれる、格好な先生と思っています。

ただし焦りは禁物です。納得できないものは身近な人にすすめられても手を出してはいけません。何かあった時に、すすめたあの人が悪い、だまされたと悔やみ、人間関係がきしみます。それこそ大損です。

投資家など富裕層を顧客に持つ証券マン、銀行員の何人かに、お金が貯まる人の特徴を尋ねたところ、「ケチか豪快な人」と即答されました。

かなりの資産を持つお金持ちほど、振込手数料など細かいお金にうるさく、会社の冷暖房もなるべく使わないなど、わずかなお金をケチるものです。

また、豪快な人は「大金を持って死んでも仕方ない」と、片っ端から投資にお金を突っ込み、金遣いも荒い。失敗すると大損をするけれど、巨額なリターンもしっかり受け取っているそうです。

どちらのタイプも大手金融関係者が張りつくぐらいですから、お金に対する執着は並外れているといえます。

一世を風靡した芸能人、華々しい活躍を見せたスポーツ選手など、浮き沈みの激しい仕事を選んだ人で、「栄華は短命である」と自覚して、頂点で身を引いた人は生涯安泰です。

いつまでも華やかな生活にしがみつくより、収支のバランスを見極めつつ転身していく人は身を持ち崩しません。

「今の年収がやがて上がると思ってはダメです。収入いかんにかかわらず、ベーシックな生活感覚を保ち、今、手元にあるお金を管理、運用していければ、どんな人でもそこそこお金は貯まるのです」

金融のプロが教えてくれた、お金が貯まる人の習慣はとてもシンプル。なぜか勉強ができ、エリートコースに乗る人にも共通する「淡々と生きる、ぶれない感覚」が大切です。

年収梯子を上りつつも、暮らし向きを変えず、余剰金を貯蓄や投資に回し、お金をふくらませた人。そのような人がお金が貯まる典型的な人だと思います。

この原理が理解できれば心配いりません。

6 思い立ったら今日からスタート

人生の晩年、必要なことは「きょういく」と「きょうよう」と聞きました。「教育」「教養」ではありません。

・今日、行くところ
・今日の用事

このふたつがないとなれば、生きる活力が削がれてしまうそうです。

私自身、すでに書いたように、この先自分がしてみたいことはいくつかあり、そのためにも最後まで自己決定権を持ち続けられる経済的基盤を整えてきました。

・ロンドンの家をベースにイギリス全土を取材するため、預貯金の一部をポンドにしました。イギリスで支払う税金、保険料や取材費にあてるためです。
・いつか自分の店を開けるよう、ローンで購入した老朽家屋を、ＤＩＹも兼ねて倹約リフォーム。小商いできる場所をセミリタイア前に確保して、開店資金の大半を占める賃料、保証金などの心配を払拭。
・洋服や雑貨販売の仕事をするため、自己投資。気になるブランドは必ず購入して、自分で着て洗濯してみて、良し悪しを考える。好きが高じた勉強代は、セミリタイア後の収入で補てんするとします。

55歳でセミリタイアして、それから先を「人生の黄金期」として過ごすため、この本で延べてきたように、さまざまな準備をしてきました。

人生後半30年間で、これまでしたくてもできなかったことを始めようと思っています。

お金、時間、知識、手伝ってくれる仲間を考えてみると、これまでの日々はひょっとしたら、この黄金期のための助走だったのかもしれないと思いました。

私の場合は55歳を区切りと考えましたが、どこにターニングポイントをもってくるかは人それぞれです。

年齢と共に、必要なお金も生きる目的も変化します。焦らず、ゆっくり取り組んでいけば、まだ十分間に合います。

人生に遅すぎるということはありません。思い立ったら、お金まわりを検証して、第二の人生のスタートを切ってください。

第六章
～運用編～
まとめ

- 不動産購入は「資産価値」重視で
- 「人気の街」なら古い物件でも借り手が
- 住宅ローンを組むなら在職中に
- 物価上昇で預貯金は目減りする
- 金融情報はプロに聞くのが早道

あとがき

本書の取材を進める中で出会ったひとりのイギリス人が、教えてくれた言葉をご紹介します。

The only people
who think money
is important are
those who don't have enough.

直訳すれば「十分なお金を持っていない人だけが、お金こそ重要だと考える」という内容で、逆に言えば、生活するにこと足りるお金がある人は、お金にガツガツしないというのです。

確かにお金で悩むのは、必要なお金が不足した時です。そして自分が思う生き方に歯止めをかけます。

お金がないから結婚できない。
お金がないから家を買えない。
お金がないから会社をやめられない……など。
そして今、「お金がないから」の枕ことばがつく最大の脅威は、老後の生活です。

増税が続き、それでも日本の財源はすっからかん。今後、年金受給開始年齢が70歳に引き上げられるとか、2025年（私が65歳！）には、東京、神奈川、埼玉、千葉など首都圏では介護施設が約13万人分も不足するとの報道もありました。
「健康でいつまでも長生きしてね」と孫たちに誕生日を祝ってもらったのも昔の話。今では日本人の長寿を「長生きリスク」とさえ呼ぶのです。

老後資金ひとり3000万円を必死で貯めた末に――。

ある税理士さんからは、「年をとれば途端に増える経費があると知ってますか？　入院が増える、病院にも今以上に通う、介護にもお金がかかる！　人生を平均寿命で考えたらダメ。平均余命で考えてますか」と、たたみ込まれました。

長生きリスクに通じる「平均余命」とは、実際に算出されたデータをもとに、ある年齢に達した人が、その後何年生存したかという現実に近い数字です。

調べてみたら１９５９年生まれ、56歳の私は、30・76年余命があり、86歳少々まで生きると考えるのが正しいようです。

それにしても、たった30年間です。会社の引き継ぎ、次なる事業をサポートしつつ、家を片づけ、遺言書を書き直し、老親に寄り添い……考えただけで３０００万円も必要ないし、お金を使うひまもない気がしてきました。

こうなったら、40代で真剣に考えた黄金期を悔いのないよう大切に生きよう。

奇しくも、この本のゲラが届く直前、編集部員らと地元・吉祥寺にイギリスのよろず屋のような小さな店を開店させました。

本当の意味での、第二の人生のスタートです。セーターや本など、今度はものを通して生活文化を伝えよう。

息巻く税理士さんの前で、私は家族も仲間も、そして自分自身も決してお金で不幸にはしないと、ふんどしを締め直した次第です。


節約ではなく利益を生み出す。

いつでも自分の意思で社会通念に押し流されることなく、試し続けるのです。


約20年間の景気低迷の結果、非正規雇用が増えているため日本人の賃金は20年間下がり続けているといわれています。

親と同居する子どもの数も305万人と、1980年代の39万人から大幅に増えています。年金生活を送る親が、収入の安定しない子どもを支えなければ共倒れする。

子どもの頃、こういう世の中になるとはゆめゆめ思いませんでした。「何かしなければ」が、また頭をもたげそうです。


自分の黄金期を見据えながらも、年を重ねた仲間や家族、そして自分のために、気が置けない共同住宅が作れないものか。お金まわりを整理しつつ、そんなことを考えています。

「打倒、老後一人3000万円！」
「打倒、高齢者施設空きナシ！」

ゆりかごから墓場まで――英国の福祉政策を持ち出せば、住まいも仕事も、夢も、既存の方程式にしばられないカタチを作ることも、今からなら間に合うかもしれません。国も頼りにならない時代だからこそ、お金がそこそこでも安心して暮らせるみんなの住まいも自由に作ればいいのです。

20代で「貧乏」を経験したおかげで、わずかなお金であっても生活できる知恵、それを元に利益を生む経験を積んでこられたことは幸運でした。

いつでも変化に対応できれば、社会情勢が変わっても生活軸がぶれることはありません。

必要なお金は、必ず後からついてきます。

そのためにも、税制、法律、軽減措置などの基礎知識だけは無関心でいてはならないと思います。

私にとって初めてのお金にまつわる本を提案してくださいました、集英社・ビジネス書編集長の山本智恵子さんに心よりの感謝を！

いつも朗らかな山本さんに教えてもらったことは数知れず。そして遠く近くでずっと支えてくださった読者の皆様に、この場を借りて御礼申し上げます。

ありがとうございました。

２０１６年　早春　井形慶子

井形慶子（いがた・けいこ）

長崎県生まれ。28歳で出版社を立ち上げ、英国の生活をテーマにした月刊情報誌「ミスター・パートナー」を発刊。100回を超える渡英後、ロンドンにも住まいを持つ。『古くて豊かなイギリスの家 便利で貧しい日本の家』『日本に住む英国人がイギリスに戻らない本当の理由』『イギリス流　輝く年の重ね方』『イギリス式 月収20万円で愉しく暮らす』など、著書多数。社団法人日本外国特派員協会会員、ザ・ナショナル・トラストブランド顧問。
http://www.mrpartner.co.jp
http://keikoigata12.blog.fc2.com/

※本書に記載のデータは2016年2月1日時点のものです。

監修　馬養雅子
（ファイナンシャルプランナー〈CFP® 認定者〉）

ブックデザイン　尾山叔子

写真提供　Rawpixel/PIXTA

人生設計図

子	自分	親
歳	歳	歳
歳	歳	歳
歳	歳	歳
歳	歳	歳
歳	歳	歳
歳	歳	歳
歳	歳	歳
歳	65歳	歳
歳	歳	歳
歳	歳	歳
歳	歳	歳

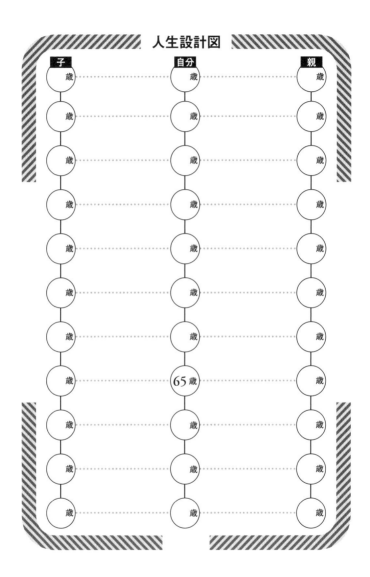

月次決算書

年　　月　決算書

	項目	金額	摘要
売上高			
	総売上高		＜手取金額＞
経費	人件費		
	地代家賃		
	水道光熱費		
	退職金掛金		
	福利厚生費		
	通信費		
	旅費交通費		
	接待交際費		
	外注工費		
	修繕費		
	消耗品費		
	その他		
	一般管理費		＜経費合計＞

差引総利益		前年同月比較	%

必要な人リスト

どのような人か	名前	連絡先

今《いま》すぐ会社《かいしゃ》をやめても困《こま》らない
お金《かね》の管理術《かんりじゅつ》

2016年2月29日　第1刷発行
2016年4月27日　第2刷発行

著　者　井形慶子《いがたけいこ》

発行者　加藤　潤

発行所　株式会社　集英社
〒101-8050　東京都千代田区一ツ橋2-5-10
編集部：03-3230-6068
読者係：03-3230-6080
販売部：03-3230-6393（書店専用）

印刷所　大日本印刷株式会社

製本所　加藤製本株式会社

集英社ビジネス書公式ウェブサイト　http://business.shueisha.co.jp
集英社ビジネス書公式Twitter　http://twitter.com/s_bizbooks(@s_bizbooks)
集英社ビジネス書Facebookページ　https://www.facebook.com/s.bizbooks

　ISBN 978-4-08-786061-0 C0095